A HISTÓRIA DO TARÔ
PARA QUEM TEM PRESSA

KAO KAZLAUCKAS

A HISTÓRIA DO
TARÔ
PARA QUEM TEM PRESSA

valentina

Rio de Janeiro, 2025
2ª edição

Copyright © 2023 *by* Kao Kazlauckas

CAPA
Sérgio Campante

DIAGRAMAÇÃO
Fátima Affonso / FQuatro Diagramação

Impresso no Brasil
Printed in Brazil
2025

CIP-BRASIL. CATALOGAÇÃO NA PUBLICAÇÃO
SINDICATO NACIONAL DOS EDITORES DE LIVROS, RJ
MERI GLEICE RODRIGUES DE SOUZA — BIBLIOTECÁRIA — CRB-7/6439

K32h
2. ed

Kazlauckas, Kao
A história do tarô para quem tem pressa / Kao Kazlauckas. – 2. ed. – Rio de Janeiro:
Valentina, 2025.
200p. il.; 21 cm.

ISBN 978-65-88490-81-5

1. Tarô. I. Título.

24-92376

CDD: 133.32424
CDU: 133.5:794.45

Todos os livros da Editora Valentina estão em conformidade com
o novo Acordo Ortográfico da Língua Portuguesa.

Todos os direitos desta edição reservados à

EDITORA VALENTINA
Rua Santa Clara 50/1107 – Copacabana
Rio de Janeiro – 22041-012
Tel/Fax: (21) 3208-8777

DEDICATÓRIA

Doando meu coração em palavras dedico esta obra:
Ao meu mestre e guia espiritual, pela sua presença
não visível, mas sensível em nossa missão juntos.

À Luz da minha mãe Tatiana e da minha avó
Ona, pela força que me guia.

A Mariana, pelo apoio incondicional em todos os
meus projetos e sonhos, sobretudo o Tarô. Nunca
esquecerei aquela tarde fria de inverno, num parque
aqui no Canadá, onde você disse que meu futuro seria
o Tarô.

A Manuela e Benício, meus filhos, meus Trunfos do
Tarô, o Sol e a Lua, os dois luminares da minha vida.

Ao meu pai Olavo, Capitão dos Mares, que
sempre trouxe muitas histórias que enriqueceram
meu imaginário de escritor.

Aos meus amigos incondicionais, meus irmãos,
Olavo, Marcelo e Fanny, por fazerem parte dessa existência inspiradora. Aos meus cunhados e não menos
irmãos, Heli e Marta, que me mostrou pela primeira
vez, ainda na infância, um baralho de Tarô.

Aos meus sobrinhos maravilhosos, Wonna, Obwan,
Marcela, João e Henan, pela nossa irmandade.

Ao Tarô, essa fonte eterna de inspiração e criação.

AGRADECIMENTOS

Ao meu padrinho astrológico Waldemar Falcão, um *pontifex*, um construtor de pontes entre o mundo das ideias e o mundo material, pela generosidade incondicional — sem você este livro não seria possível.

Ao amigo e astrólogo Fernando Guimarães, pela amizade, e pelas conversas viajantes e instigantes de final de tarde.

Ao amigo de profissão e tarólogo Eloi Chiquetto, pelas valiosas sugestões, inspirações e ideias.

À amiga de profissão, sibila dos salões, Helene Bianconi, pela amizade e risadas cartomânticas.

Ao mestre da língua portuguesa e da literatura Luís Gattini. Obrigado por ter me mostrado, na adolescência, o caminho dos livros e a magia das palavras.

A dois mestres do Tarô, Robert M. Place e Alejandro Jodorowsky, por suas obras e pela inspiração que elas me trazem nesta jornada.

O Eremita, aquele que busca a luz interior

SUMÁRIO

Apresentação   13

Prólogo   17

Introdução   19

CAPÍTULO UM ● O que É Tarô?   23
Como Funciona o Tarô?   29   Conhecimento *Versus* Intuição   32

CAPÍTULO DOIS ● Como Surgiu o Tarô?   38
Os Tarôs Visconti   41   Os Tarôs de Marselha   53   Marsílio
Ficino   57   O Tarô Encontra o Meio Esotérico. Court de
Gébelin   62   Etteilla, o Primeiro Cartomante Popstar   67

CAPÍTULO TRÊS ● O Tarô e as Artes Oraculares e Mágicas   70
A Rainha do Oráculo   72   Baralho Cigano *Versus* Tarô   76   A Escola
Francesa e a Escola Inglesa de Magia   79   Eliphas Levi   80   O Século 19
e o Tarô   84   Oswald Wirth   85   Papus   87

**CAPÍTULO QUATRO ● O Surgimento do Tarô Rider Waite
(Waite Smith)   89**
Arthur Edward Waite   90   Pamela Colman Smith   92

CAPÍTULO CINCO ● A Psicologia Encontra as Cartas   100
O Tarô e os Arquétipos   104   Joseph Campbell, o Monomito, a Jornada do
Herói e o Tarô   105

CAPÍTULO SEIS ● Arcanos Maiores   119
O Louco   121   O Mago   123   A Alta Sacerdotisa   124
A Imperatriz   126   O Imperador   128   O Hierofante   129
Os Enamorados   131   O Carro   133   A Justiça   135
O Eremita   137   A Roda da Fortuna   139   A Força   141
O Dependurado   143   A Morte   145   A Temperança   147

O Diabo 148 A Torre 150 A Estrela 152 A Lua 154
O Sol 156 O Julgamento 158 O Mundo 159

CAPÍTULO SETE ● **Arcanos Menores 162**
Naipe de Paus 162 Naipe de Copas 168 Naipe de
Espadas 174 Naipe de Ouros 180

CAPÍTULO OITO ● **O Tarô — Sistemas e Utilizações 185**

CAPÍTULO NOVE ● **Métodos de Leitura 188**
Método Péladan 190 Método Linear Temporal 192 Método em
Cruz 193

CONCLUSÃO 195

BIBLIOGRAFIA 198

"Se me obrigassem a aceitar a existência de um futuro que nos predestina, eu visualizaria o presente como um ponto do qual parte um leque de caminhos infinitos."

Alejandro Jodorowsky
(*O caminho do tarô*)

APRESENTAÇÃO

A recente pandemia deixou cicatrizes profundas e marcou uma época inédita e inesquecível desse início de século. Com certeza, todos temos histórias impactantes guardadas na memória dos acontecimentos desse tempo, e a maioria delas não são lembranças agradáveis.

Entretanto, como tudo nessa vida, coexistem o lado difícil do período de confinamento e isolamento social e os novos contatos, conhecimentos e amizades que se formaram devido à "prisão domiciliar" a que estivemos submetidos.

A internet foi uma grande ferramenta para superarmos o isolamento imposto pelo vírus. Com as redes sociais como única alternativa para mantermos nossos contatos e nos abrirmos a novas amizades e conhecimentos, aconteceu uma explosão de utilização desses recursos.

O contato e a amizade com o autor são consequência de tais momentos inesquecíveis. Nosso encontro inicial se deu por intermédio do Instagram, onde nos conhecemos e passamos a interagir, até chegarmos ao ponto de fazer *lives* juntos falando de astrologia, tarô, poesia e espiritualidade em geral. Depois disso, a amizade se estreitou e culminou em encontros presenciais, que costumam acontecer quando a vida de cada um permite (afinal, moramos em países diferentes).

Dada essa explicação, fica clara a minha parcialidade em tratar da obra do meu mais novo amigo. Então, vamos a ela.

A maior qualidade do trabalho de Kao Kazlauckas, além do profundo conhecimento que possui do tarô e da astrologia, é a linguagem fluida e coloquial com que explica a simbologia dessas artes divinatórias.

Nas primeiras linhas já se destaca tal facilidade com que dá início a esta *História do tarô para quem tem pressa*. A narrativa do seu contato inicial com a primeira cartomante que conheceu nos conquista de saída, colocando-nos literalmente ao seu lado na sala de consulta da vidente, tão ansiosos quanto ele.

Ao mesmo tempo que existe essa facilidade em contar histórias, percebe-se de imediato o total domínio que possui sobre o tarô e sua rica e diversa origem e funções.

Esse domínio desdobra-se ao longo dos capítulos, com numerosas informações acerca da origem histórica do baralho e suas incontáveis escolas e versões europeias, egípcias, orientais, muçulmanas, entre tantas outras.

E assim vamos viajando no tempo e no espaço ao longo da cronologia do surgimento do tarô em diversas épocas e regiões do planeta. É impressionante ficar a par das tantas versões existentes desse misterioso e fascinante baralho.

E, mais uma vez, a fluência de Kao ao compartilhar conosco as múltiplas origens do baralho acontece de forma agradavelmente coloquial e natural, como se ele estivesse presente, lendo o livro conosco. Informações importantes e preciosas vão sendo entregues em doses sadias de conhecimento.

Vale destacar um capítulo, no qual ele se dedica a explicar a simbologia dos Arcanos Maiores, enumerando as correlações zodiacais e cabalísticas de cada uma das 22 cartas. Para quem trabalha ou estuda o baralho, tais correlações compõem um material fundamental para uma clara compreensão das conexões com outros saberes esotéricos.

Os capítulos seguintes, onde se encontram a explicação das cartas dos Arcanos Menores e os métodos de abertura das cartas, são igualmente importantes e também capturam a atenção do leitor, mais uma vez pela linguagem clara e didática.

E a fluidez é tão sutil e as informações tão fascinantes que, quando menos esperamos... o livro termina, deixando-nos com uma vontade irresistível de recomeçar a leitura.

Waldemar Falcão
Araras, Petrópolis, agosto de 2023

PRÓLOGO

Muitas vezes os estudantes de Tarô são levados a considerá-lo um conjunto de regras, significados e métodos monolíticos, que vieram de alguma "grande fonte superior" e devem ser seguidos sem muitos questionamentos.

Creio que isso acontece em grande parte porque raras vezes os estudantes veem o Tarô inserido num processo histórico e não conseguem perceber que o que se fala a respeito dele vai mudando a partir da visão das diversas pessoas que já se debruçaram sobre o baralho.

Os livros de história do Tarô são valiosíssimos nesse sentido, porque mostram que as formas de pensar mudam com o tempo, as ideias se sucedem, novas visões vão se incorporando no trato com as cartas... além de que o Tarô é maleável, mutável.

A partir da consciência da diversidade das formas de pensar o Tarô através dos tempos, o estudante percebe tal plasticidade e entende que pode exercer um protagonismo maior, buscar novas visões dentro dele mesmo e enriquecer suas leituras.

Este livro cumpre muito bem tal papel, tem uma linha do tempo bem clara e dá conta de mostrar como as diferentes visões foram surgindo desde os primeiros baralhos.

O Tarô é uma construção humana e vai se amalgamando com cada época. Olhar para trás e ver como ele se movimentou no tempo traz o desejo de que continue se modificando e apresentando novas formas de interagir com o baralho. É olhar para o passado para entender o presente e projetar um futuro.

Ler este livro é desfazer equívocos e esclarecer pontos obscuros. A clareza que se consegue com esta leitura vai fazer com que muitos estudantes possam entender que o pensamento tarológico é construído a cada momento e que não existem ideias imutáveis.

O Tarô está em movimento, visões surgem o tempo todo, e quem conhece a trajetória vai poder seguir evoluindo e se aprimorando.

Eloi Chiquetto
São Paulo, junho de 2023

INTRODUÇÃO

Qual a primeira coisa que vem à sua mente quando você pensa em Tarô?

Enquanto busca uma resposta, preciso fazer uma viagem e voltar no tempo levando você comigo.

Era uma tarde chuvosa de uma quinta-feira, se não me falha a memória. Uma angústia apertava meu peito.

Eu havia perdido um familiar, mais especificamente meu sobrinho. Tive a ideia, juntamente com minha esposa, de convidar dois outros sobrinhos, irmãos do que havia partido, para uma viagem ao exterior.

Na minha mente pulsava um pensamento obsessivo de que algo ruim iria acontecer. E, como a todo processo de medo, somava-se um toque de irracionalidade. De certa maneira, havia o fato de que eu já experienciara um incidente em um avião e a perda precoce de uma pessoa amada. Tudo isso trazia um vazio e uma sensação de perda de controle.

Você sabe por que conhecer o futuro é uma coisa cativante? Porque traz a sensação de controle.

E era do que eu precisava naquela tarde de quinta-feira, véspera da viagem. Controle. Alguém havia apresentado à minha esposa uma cigana que era capaz de ler o futuro pelas cartas. Ironicamente, eu já possuía um Tarô, mas não tinha nenhum conhecimento e sequer sabia diferenciar um Tarô de outros tipos de oráculos.

Desprovido de coragem perante o futuro e cheio de conceitos preconcebidos sobre aquele encontro com a tal figura mítica, na qual eu apostava todas as minhas fichas confiando que ela iria me dizer se eu morreria ou não naquela viagem, abri a porta, desci as escadas e entrei no táxi. Chovia muito, e no rádio já se falava de alagamentos na cidade. Mas o medo era tanto que a única coisa a que a chuva me remetia naquele momento era uma possível turbulência grave.

Chegando à casa da cartomante, fui recepcionado por um homem, talvez uma mulher, que pediu que eu aguardasse na sala. A lembrança até aquele momento é repleta de cortes de cena, pois minha mente não me permitia registrar nada.

Tudo mudou quando uma senhora de cabelos louros, queimada de sol, usando um vestido meio hippie, sem ar forçado de cigana e com um cigarro na boca, pediu que eu entrasse no quarto e ficasse à vontade.

Adentrei o recinto, me sentei à mesa, olhei as cartas, escutei a chuva, respirei o incenso misturado ao cigarro barato, e uma paz de espírito me invadiu.

Naquela noite, meu equilíbrio seria restabelecido, meu futuro seria lido, meu passado seria dito, e tudo de maneira precisa.

Não, eu não morri. Vivi e continuo vivendo para contar essa e muitas outras histórias neste livro para você. Não posso deixar de dizer que muitas coisas que aquela cigana falou continuam fazendo sentido e suas previsões, acontecendo.

Voltando à minha pergunta lá do começo.

Qual a primeira coisa que vem à sua mente quando você pensa em Tarô?

A resposta pode ser esse tipo de cenário que acabei de contar sobre a minha experiência e inúmeras outras coisas. Quando pensamos em Tarô, ilustram nosso imaginário cartomantes, ciganas, sincretismo religioso, bolas de cristal...

Mas deixa eu contar uma coisa. As cartas que naquela noite a cigana leu para mim não se chamavam Tarô, e sim baralho Lenormand, também conhecido como Baralho Cigano. Você sabe a diferença entre Tarô, Baralho Cigano e outros oráculos de cartas? Não? Nem eu sabia quando comecei a estudar o assunto.

E você sabe que o Tarô não serve apenas para uma prática adivinhatória? Ele é também uma poderosa ferramenta para contatar o divino, o seu eu superior.

Eu peço uma licença poética para usar neste livro as palavras adivinhação e divinação de maneiras distintas, apesar de possuírem o mesmo significado na língua portuguesa. Usarei adivinhação para o ato de adivinhar, prever o futuro, e divinação para o ato do contato com o divino, seu interior ou *eu superior.*

O Tarô é uma ferramenta usada por magistas, psicólogos, artistas, pois seu uso tem inúmeras finalidades ligadas ao autoconhecimento e ao desbloqueio da criatividade.

Agora deixei sua mente confusa. Você achava que sabia o que era Tarô e já não tem mais certeza de que sabe algo?

Então, vem comigo que eu vou contar tudo sobre essa intrigante arte.

CAPÍTULO

UM

O QUE É TARÔ?

Se você pegar o dicionário mais famoso da língua portuguesa e procurar pela palavra *Tarô*, encontrará a seguinte definição: *substantivo masculino, coleção de 78 cartas, maiores que as do baralho, de desenho diverso, usadas sobretudo por cartomantes.*

Em sua essência, o Tarô é um jogo de 78 cartas, sendo 22 delas os Trunfos, chamados hoje em dia de *Arcanos Maiores*, representando diretrizes divinas, lições de vida que personificam uma qualidade em particular ou arquétipo, e que, juntos, compõem o ciclo da vida, uma jornada. As 56 cartas restantes, correspondentes aos *Arcanos Menores*, representam atividades, pessoas, comportamentos, ideias e eventos que fazem parte do nosso dia a dia.

E uma curiosidade interessante: as 54 cartas do baralho comum são os 56 Arcanos Menores do Tarô com a ausência das cartas que representam o Cavaleiro de cada naipe e mais dois curingas. Além disso, muitas pessoas confundem Tarô com outros oráculos, mas só podemos chamar de Tarô o conjunto de cartas que apresenta a configuração de 56 Arcanos Menores e 22 Arcanos Maiores, formando um total de 78 cartas.

O Tarô surgiu na Europa, na segunda metade do século 14, e, até onde se sabe, como um jogo lúdico e com uma iconografia cristã marcante. Ao longo do tempo, ele passou a ser usado para adivinhação e foi sofrendo analogias e transformações em sua simbologia.

Há muitos anos o Tarô tem sido um dos caminhos mais bem-sucedidos na busca pelo autocrescimento. Hoje, devido às inúmeras analogias incorporadas ao longo de sua evolução, o Tarô está intimamente ligado à mitologia greco-romana, astrologia, alquimia, magia, cabala, misticismo judaico-cristão, filosofia, psicologia e diversas outras tradições e escolas de pensamento. Como uma ferramenta flexível e adaptável, o Tarô reflete os anseios inconscientes da humanidade através dos tempos.

O Tarô está em tudo e em todos os lugares ao mesmo tempo, pois é um reflexo da nossa jornada ao longo da vida. Não à toa ele é considerado, no meio esotérico, o "Livro da Vida", que guarda os segredos para a jornada perfeita pelo jardim da nossa alma.

O Tarô, hoje em dia, exerce o papel de oráculo. Porém, assim como qualquer instrumento oracular, ele não fala o que você *deseja* saber, mas simboliza o que você *precisa* saber. Suas cartas possuem uma linguagem bastante flexível e são utilizadas e estudadas por várias correntes: de psicólogos interessados na relação do inconsciente com a simbologia das cartas a artistas que necessitam desbloquear sua criatividade para a criação de uma obra.

Muitas pessoas esperam que o Tarô traga as respostas sobre seu futuro. Na verdade, ele traz o caminho que precisa ser seguido para se chegar nesse futuro. Antes de tudo é preciso ter em mente que passamos o tempo todo remoendo o passado e preocupados com o futuro, e, consequentemente, não vivemos o presente. Quando aprendemos a viver o momento presente, percebemos que o passado e o futuro são o presente sendo vivenciado. E, nesse sentido, o Tarô nos ensina a ser mais conscientes perante a vida que experienciamos.

Os Arcanos possuem diversos significados e trazem infinitas possibilidades, incorporando a Luz e a Sombra a cada um deles. Primeiramente é preciso aprender a vivenciar essa polaridade no seu interior.

Só existe equilíbrio quando se vive o desequilíbrio. Não existe carta ruim ou carta boa. Tudo depende do contexto em que as cartas estão se relacionando. E o contexto da leitura nada mais é que o reflexo da nossa vida numa linguagem simbólica.

O Tarô, como dissemos, possui 78 cartas ou Arcanos, 22 Maiores e 56 Menores. A origem da palavra *arcano* vem do latim *arcanus*, que significa misterioso, enigmático, secreto. Cada Arcano do Tarô guarda muitos significados a serem revelados e possui um oceano de informações. Quanto mais os estudamos, mais conhecemos sobre nós mesmos e sobre os sinais que vemos nos pequenos gestos da vida. A cada leitura que praticamos, aprendemos mais sobre a natureza humana.

Os 22 Arcanos Maiores são: O Louco, O Mago, A Alta Sacerdotisa (A Papisa), A Imperatriz, O Imperador, O Hierofante (O Papa), O Enamorado, O Carro, A Força, O Eremita, A Roda da Fortuna, A Justiça, O Dependurado (O Enforcado), A Morte, A Temperança, O Diabo, A Torre, A Estrela, A Lua, O Sol, O Julgamento e O Mundo. Essas cartas são numeradas de 1 a 21, ou seja, do Mago ao Mundo. O Louco não recebe numeração na maioria dos Tarôs (é o zero).

E os Arcanos Menores são divididos em quatro naipes de 14 cartas cada: 10 lâminas de Ás a 10 e quatro cartas da Corte: Rei, Rainha, Pajem e Cavaleiro. Cada naipe representa um elemento. São eles:

Os quatro naipes: Espadas, Paus, Copas e Ouros

O naipe de Paus é o elemento fogo, a vontade, o Espírito, o impulso de vida

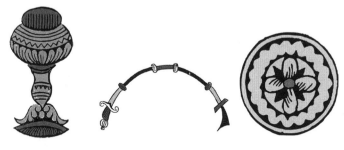

| O naipe de Copas, as emoções, os processos do inconsciente | O naipe de Espadas, o mental, o racional | O naipe de Ouros, as relações com o mundo material |

Os quatro naipes do Tarô surgiram como uma adaptação europeia dos naipes do baralho mameluco, refletindo a estrutura social da época. O naipe de

Paus representa os camponeses, simbolizando o trabalho e a vida rural. O naipe de Copas está associado ao clero, destacando a espiritualidade e as questões religiosas. O naipe de Ouros representa a classe mercantil, enfatizando a importância do comércio e da prosperidade material. Por fim, o naipe de Espadas corresponde à corte, simbolizando a nobreza, o poder e as questões militares. Esses naipes capturam as diversas facetas da sociedade medieval europeia, desde os trabalhadores até os governantes. No Tarô, a interpretação dos quatro naipes evoluiu e sofreu diversas adaptações interpretativas.

Os quatro elementos são uma representação simbólica das forças que constituem o universo. Eles aparecem nos evangelhos, representados pelos quatro evangelistas: Mateus, Marcos, Lucas e João. No Gênesis, são a criação do mundo. Na astrologia, dividem em quatro os 12 signos.

Resumindo: aprendemos até aqui que só podemos chamar um conjunto de cartas de Tarô quando ele possui todas as características já citadas.

Como Funciona o Tarô?

O Tarô é um *mutus liber*, um livro mudo.

Antes de começarmos a falar sobre a história do Tarô e o significado e conhecimento técnico das cartas, precisamos falar sobre como o Tarô funciona como uma ferramenta de adivinhação e divinatória. Com certeza, você chegou a este livro curioso a esse respeito.

O Tarô possui uma linguagem simbólica que traduz as transformações constantes na dinâmica e na estrutura da vida. Um *mutus liber*, um livro sem palavras que se comunica com o nosso inconsciente a partir de símbolos.

Em sua estrutura original, o Tarô não veio acompanhado de regras, nem como jogo lúdico nem como instrumento adivinhatório.

No Tarô Besançon, Júpiter substitui o Hierofante e Juno entra no lugar da Alta Sacerdotisa

Como eu disse anteriormente, tomo a liberdade poética de usar dois sinônimos — adivinhação e divinação — de uma maneira diferente.

Vamos falar sobre o uso das cartas para adivinhação, ou seja, para prever o futuro ou revelar o que se encontra velado no passado e no presente. E também sobre divinação, o contato com o divino, com o seu eu superior, que alguns chamam de contato com o inconsciente. Há os que exploram as cartas como ferramenta de autoconhecimento e há os que se arriscam no Tarô como auxílio terapêutico. Os fins e as regras foram e continuam sendo criadas de acordo com o tempo. E essas normas variam de escola para escola de pensamento.

Os antigos dizem que as cartas funcionam como a antiga crença de que tudo no universo está conectado. Como o efeito borboleta — a ação do bater das asas de um lado do planeta causando uma reação do outro lado do mundo. Nada é por acaso, nada é aleatório, tudo está conectado na mais perfeita sincronia. Haverá sempre uma conexão de fatos, desde o início dos acontecimentos na vida de um consulente, que o fará chegar até as cartas, e esse momento estará conectado exatamente com o ápice da tiragem e interpretação dos Arcanos.

O Tarô é um livro aberto a quem deseja escrever nele as suas impressões e ideias a partir das suas próprias observações e experiências.

Não podemos deixar de lado a função do símbolo no Tarô, que possui a capacidade cognitiva de representar mentalmente cenas, situações, lembranças e outras coisas mais que não estão à vista.

Conhecimento *Versus* Intuição

Vamos agora abordar um assunto polêmico — conhecimento *versus* intuição.

Para ilustrar bem essa abordagem, certa vez vi um dos maiores especialistas no Tarô de Thoth, de Aleister Crowley e Frida Harris — Frater Goya (Anderson Rosa) — discorrer sobre o assunto numa entrevista e dar o melhor exemplo do papel do conhecimento e da intuição.

Ele citou que seu pai era alfaiate e comparou o conhecimento ao tecido que iria compor 99% da roupa. E a linha, o 1% restante, a intuição que costuraria o tecido.

A intuição sem o conhecimento não pode ser traduzida.

Ele ainda citou como exemplo Nostradamus e suas interpretações, dizendo que se Nostradamus tivesse uma visão sobre o metrô de São Paulo na

CAPÍTULO UM: O QUE É TARÔ?

A Alta Sacerdotisa no Tarô Rider Waite representa o oráculo sagrado, a intuição profunda e o poder do sagrado feminino. Como mãe celestial e guardiã das Deusas, ela nos guia através dos mistérios do inconsciente e da sabedoria espiritual

hora do *rush*, ele traduziria da seguinte maneira: "Um dragão de prata que vomita pessoas em meio a cavernas."

Ou seja, mesmo que você tenha visões do futuro, sem o conhecimento não será capaz de transmitir a informação correta.

Por isso digo que não existe "ler por intuição", o Tarô não é um dom inato e muito menos exige que a pessoa seja vidente para que possa fazer uma leitura. O manuseio dessas cartas exige prática e um estudo incessante ao longo da vida.

Tarô é 99% conhecimento. Um estudo que demanda aprender sobre o contexto histórico das cartas, sua simbologia, as técnicas de interpretação e os exercícios com elas. E 1% é intuição, necessária para costurar o tecido do conhecimento, cravar referências e ilustrar a leitura.

A intuição é o ato de pressentir, independentemente de análise ou raciocínio. Por isso, o conhecimento se faz totalmente necessário para sua utilização no Tarô, pois este se comunica por meio de uma gama de símbolos.

A intuição está ligada ao instinto de sobrevivência e é aceita por muitos estudiosos como uma aliada ao desenvolvimento da humanidade.

Você deve estar curioso sobre como desenvolver suas faculdades intuitivas para ajudá-lo nas leituras das cartas e no dia a dia.

Sugiro fazer exercícios práticos e simples para o aprimoramento dessas faculdades. Basta praticá-los diariamente.

1) Uma maneira simples de praticar sua intuição: Pode soar meio bobo, mas toda vez que seu telefone tocar, antes de atendê-lo procure "adivinhar" quem está ligando. O mesmo pode ser aplicado no seu dia a dia de outras maneiras. Por exemplo,

quando uma pessoa tocar sua campainha ou bater à sua porta.

2) Um outro exemplo de trabalhar sua intuição é utilizando dados. Pegue um dado comum e procure, antes de jogá-lo, intuir qual será o resultado.

3) E se você possui um Tarô, embaralhe os Arcanos Maiores e intua qual carta você vai retirar do maço.

4) Escutando o silêncio. Para fazer esse exercício é aconselhável o uso de um cronômetro. Ajuste-o primeiramente para 20 minutos; com o tempo, procure chegar a 1 hora.

Sente-se num lugar silencioso. Escolha a posição que lhe for mais confortável, com a coluna ereta, ombros relaxados, mãos em cima das pernas com as palmas viradas para baixo. Faça três respirações profundas. Então, inspire contando até quatro, segure a respiração contando até quatro e expire contando também até quatro. Faça isso 10 vezes ou até se sentir sereno.

Em seguida, respire livremente e concentre-se na sua respiração.

Sinta o peso que o seu corpo exerce sobre o local no qual você está sentado. Sinta as batidas do seu coração. E escute a voz do silêncio à sua volta e o intervalo entre esse conjunto de sensações. Como se estivesse escutando uma grande orquestra, permaneça estático sentindo o momento presente. Esqueça a noção de tempo e espaço. Fique assim até o cronômetro soar.

5) Exercício da visão periférica. Nós enxergamos somente aquilo que desejamos. Sente-se num ambiente com baixa iluminação e acenda uma vela à sua frente. Então, foque sua visão na vela, mas, ao mesmo tempo, tente prestar atenção em tudo que se passa à sua volta sem perder o foco na vela.

6) Por último, o exercício da imaginação e intuição. Sente-se e procure relaxar. Pense em alguma comida — pode ser uma fruta, um legume ou qualquer alimento da sua preferência. Ou até mesmo um vinho. Comece a imaginar que você está bebendo o vinho. Perceba as sensações em seu corpo e desfrute o paladar. Com o tempo você verá que é possível se embriagar dessa maneira.

Procure realizar essas práticas com frequência.

CAPÍTULO

DOIS

Como Surgiu o Tarô?

Pouco se sabe sobre a história do Tarô, e são muitas as contradições envolvidas, desde míticas a históricas. Há quem acredite na origem egípcia e afirme que o Tarô surgiu na terra dos faraós, foi redescoberto pelos templários e que todo o conhecimento do *Livro de Thoth* — considerada a primeira obra que levou o Egito à base dos conhecimentos dos processos iniciáticos — está contido no Tarô, permitindo assim, através dele, atingir a iluminação interior. Há também a teoria hindu, segundo a qual o Tarô surgiu na Índia e foi levado para a Europa pelos ciganos, povos originários das regiões do Punjab e do Rajastão, que foram obrigados a emigrar em massa por questões até hoje ainda não bem esclarecidas.

Todas essas ideias, porém, não passam de divagações sem respaldo histórico; cada grupo esotérico puxa a origem do Tarô para o seu lado, como uma maneira de embasar o próprio discurso.

Os primeiros registros históricos constam a partir do século 14, quando as cartas aparecem como um jogo lúdico usado para o lazer, restrito apenas aos nobres devido ao alto custo da confecção de um baralho.

Mas o que se sabe, de fato, sobre o surgimento do Tarô?

Dentre as muitas hipóteses, alguns historiadores acreditam que os antigos chineses inventaram cartas de baralho, bem como jogos, como o dominó e o mahjong. Eles teriam sido os primeiros a possuir cartas entre o ano 300 e o ano 1000. Isso se deve ao fato de os chineses terem inventado o papel.

Os conquistadores mongóis acabaram por unificar parte da Ásia e da Europa Oriental e promoveram o comércio internacional; dessa maneira, as cartas chegaram ao Oriente Médio. No início do século 13, elas se tornaram populares e se espalharam pela cultura islâmica. Os baralhos mamelucos do século 14 são surpreendentemente semelhantes às cartas de baralho modernas, bem como às cartas de baralho de Tarô.

Uma história plausível é que, em 1369, os sarracenos — muçulmanos mercenários na guerra entre o antipapa Clemente VII e o Papa Urbano VI — levaram a Viterbo, na Itália, um jogo de cartas chamado *naib*.

Os europeus, por não saberem pronunciar corretamente a palavra em árabe, começaram a chamar as cartas de baralho de naipes (*na'ibs*).

E foi por volta de 1370 que os primeiros baralhos surgiram na Europa, e em sua origem já possuíam quatro naipes: bastões, copas, espadas e moedas.

Um dos primeiros baralhos de cartas de que se tem notícia é citado por um frade dominicano, Johannes de Rheinfelden (cidade na Suíça). Em seu *Tractatus de moribus et disciplina humanae conversationis*, de 1392, ele fala de um jogo de cartas. A obra

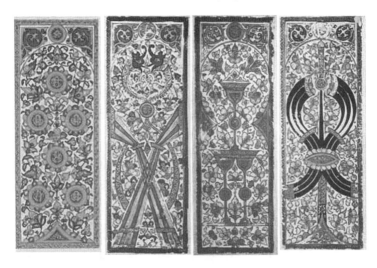

Baralho mameluco

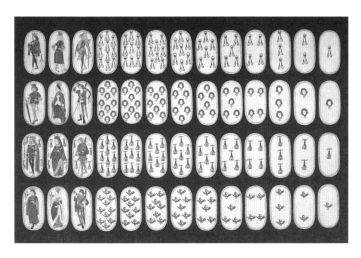

Um dos primeiros baralhos europeus da história, Holanda, século 15. Em exposição no Metropolitan Museum of Art de Nova York

cita um baralho com quatro naipes, cada um com 10 cartas numeradas e quatro figuras da Corte. Esse é o registro histórico mais antigo que se tem sobre cartas de baralho na Europa.

Mas… voltemos ao Tarô.

Os Tarôs Visconti

Os "Tarôs Visconti" referem-se aos primeiros conjuntos de cartas de Tarô preservados de que se tem notícia e datam do século 15. Tais conjuntos de cartas pertenceram ao duque de Milão, Filippo Maria Visconti, e ao seu genro e sucessor, Francesco Sforza. No total, englobam cerca de 15 conjuntos de baralhos de Tarô que sobreviveram, contudo, incompletos.

O baralho de Tarô surgiu por volta de 1441 durante o Renascimento, no norte da Itália, na região de Milão. A vida girava em torno do calendário religioso, e a maioria das pessoas era analfabeta. Sendo assim, a Igreja fazia uso da palavra oral e de imagens para doutrinar as massas. Essas alegorias cristãs acabaram influenciando os artistas da Renascença, que se inspiraram nas imagens alegóricas da Bíblia, bem como nos antigos manuscritos gregos e romanos.

Os baralhos mais antigos que conservaram algumas dessas cartas são o Tarô Cary-Yale Visconti e o Tarô de Brambilla.

O surgimento do primeiro Tarô — Cary-Yale Visconti ou Visconti di Mondrone (caixa)

Tarô feito por encomenda para o Duque Filippo Maria Visconti, como presente de casamento para sua filha Bianca Maria, que se casara com Francisco Sforza em 1441.

Restaram apenas 67 cartas das 89 que esse Tarô possuía em sua origem: 25 Trunfos e 64 cartas de naipes (menores).

O Cary-Yale possui 11 Arcanos Maiores preservados. Entre eles, alguns podem ser encontrados hoje em dia na configuração atual: A Imperatriz,

O Imperador, O Enamorado, O Carro, A Força, A Morte, O Julgamento e O Mundo. Uma curiosidade é que esse Tarô possui também três arcanos que se referem a três virtudes teologais: Fé, Esperança e Caridade. Atualmente podemos ver as três virtudes cardeais cristãs no Tarô: Força, Justiça e Temperança.

Outro Tarô pintado para Filippo Maria Visconti antes de 1447 foi o Tarô de Brambilla; dele restaram apenas 48 cartas, dentre elas dois Trunfos (O Imperador e A Roda da Fortuna) e 48 cartas numeradas.

O Tarô Visconti-Sforza foi pintado em seguida, em 1450, para Francesco Sforza. As cartas continham imagens de membros das ricas famílias milanesas Visconti e Sforza, vestidos com seus melhores trajes. Dele restaram apenas 72 cartas.

Os primeiros baralhos de Tarô italianos variavam no número e na disposição das cartas. O baralho Pierpont Morgan-Bergamo, produzido em 1451, consistia originalmente em 78 cartas. O baralho Cary-Yale, que pode ser o mais antigo conjunto de Tarô existente, provavelmente continha 89 cartas ao todo.

Um conjunto de cartas que atualmente é comercializado como "Tarô", que não podemos deixar de citar, é o Mantegna. Acreditava-se, até o século 19, que esse conjunto de 50 gravuras pintadas por volta de 1465 era obra do pintor Mantegna. Ao contrário do que muitos pensam, esse conjunto de ilustrações não era um baralho em sua origem e muito menos um Tarô, denominação com a qual é comercializado.

Hoje em dia, credita-se a criação dessas imagens ao Papa Pio II e aos cardeais Nicolau de Cusa e Basílio Bessarion. Mas são muitas as hipóteses sobre diferentes autores.

O objetivo dessas imagens seria incitar os aprendizes a profundas discussões filosóficas.

Tarô Mantegna

A pergunta que fica é: teriam sido os Trunfos do Tarô criados para a doutrina filosófica?

Quem teria criado o Tarô?

Responder a essa pergunta é bem difícil. O que temos concebido como Tarô é um conjunto de 78 cartas, onde figuram 22 Arcanos Maiores e 56 Arcanos Menores.

Até mesmo esses primeiros conjuntos de cartas que possuem Trunfos com cartas numeradas e que chamamos de Tarôs Visconti têm sua autoria contestada. Os pesquisadores não conseguem chegar à conclusão se teria sido Bonifacio Bembo ou Francesco Zavattari (este último possui afrescos com um estilo muito similar a tais cartas). Há uma teoria de que a ideia da criação dos Trunfos coexistindo com as cartas numeradas teria sido obra de Marziano di Tortona, tutor de Filippo Maria Visconti, que encomendara os Tarôs Visconti. Temos que levar em consideração que quem cria por encomenda nem sempre é quem concebeu a ideia, e veremos isso mais à frente em clássicos do Tarô que surgiram no século 20. Afinal, a habilidade da pintura não é comum a todos.

Outro Tarô notável é o Sola Busca, produzido em 1491 pelo artista Nicola di Maestro Antonio. Esse foi o primeiro baralho com 78 cartas a possuir todos os Arcanos Menores pintados retratando cenas. Essa prática só seria repetida em 1909 por Pamela Smith na confecção do que viria a se tornar o Tarô mais popular de todos os tempos, o Rider Waite. A simbologia do Sola Busca influenciou muito o trabalho de Pamela na confecção dos Arcanos Menores — fortes semelhanças podem ser encontradas no 3 de Espadas e no 10 de Paus de ambos os baralhos.

Em algum momento, os fabricantes de cartas decidiram limitar o baralho de Tarô "padrão" a 78 cartas compostas por 22 Trunfos (Arcanos Maiores),

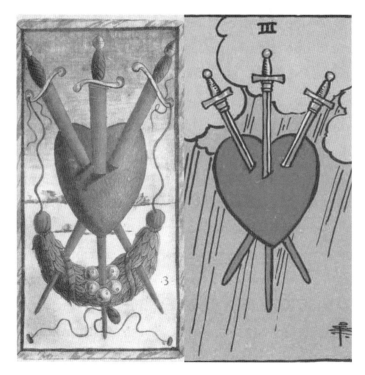

As similaridades entre o 3 de Espadas no Sola Busca e no Rider Waite

40 cartas numeradas de Ás a 10 e quatro cartas da Corte em cada naipe (Arcanos Menores), como temos hoje.

E como surgiu a palavra Tarô?

Foi no século 16 que, por alguma razão desconhecida, as cartas, que até então eram denominadas *Trionfi* (Trunfos), começaram a ser chamadas de *Tarocchi* (Tarô).

A origem do termo *Tarô* até hoje é objeto de discussão e alimenta teorias criativas por parte de diversos autores.

Uma das teorias mais disseminadas aponta que a origem da palavra Tarô seria um anagrama de *rota* (roda em latim). Mas essa ideia é descartada por alguns pesquisadores. Isabelle Naldony, em seu livro *História do Tarô*, afirma que a primeira citação da palavra na língua francesa data do ano 1505, quando o fabricante de cartas Jean Fort promete, em um documento, entregar quatro dúzias de baralhos comumente chamados de *taraux* (*quatuor duodenis quartarum vulgo appelatarum taraux*). Segundo ela, esse documento descarta qualquer possibilidade de a palavra Tarô vir do latim ou do grego, como muitas teorias defendem, pois o termo "vulgarmente chamado (*vulgo appelatarum*)" se refere à língua vulgar e põe de lado as línguas clássicas, como o grego e o latim. Na época havia uma grande distinção entre as línguas clássicas e as vulgares. Dessa maneira, as raízes hebraicas deveriam ser descartadas também. Algumas teorias afirmam que seria um anagrama de *Torá* (livro sagrado).

A origem egípcia, criada por Antoine Court de Gébelin (1719-84) — *tar* (caminho) e *ro* (real) — também deve ser descartada; afinal, em sua época, os hieroglifos não haviam sido decifrados. A Pedra de Roseta foi descoberta em 1799 e permitiu que os hieroglifos pudessem começar a ser traduzidos em 1822.

Listo abaixo algumas teorias criativas sobre a origem da palavra Tarô:

Cigana: Tar (maço de cartas)

Chinesa: Tao (estrada, caminho, ordem natural do universo)

Italiana: Taro porque o Tarô teria sido criado no Vale do Taro na Itália, próximo ao Rio Taro.

A origem italiana da palavra Tarô no xadrez seria uma derivação da expressão *T'arrocco* (te ataco), expressão usada, na época, no jogo de xadrez quando se atacava a Torre.

Árabe (versão preferida de alguns pesquisadores): *Tarth*, que significa subtrair. Nos primeiros jogos lúdicos com as cartas de Trionfi, o objetivo era subtrair os pontos do adversário.

Existem inúmeras teorias sobre a origem da palavra Tarô, algumas mirabolantes e outras mais aceitáveis. Porém, até hoje, não há um consenso sobre essa origem, apenas dúvidas e mais perguntas.

Caro leitor, será que um simples documento de 1505 anularia a teoria da origem das línguas clássicas, o grego e o latim? Será que o Tarô teve sua origem no Vale do Taro na Itália? Seria a teoria da origem árabe a mais convincente?

Deixo para você a fagulha da curiosidade.

Como vimos até aqui, o Tarô surgiu como uma espécie de obra de arte para ser apreciada e também um jogo para a alta sociedade italiana. No século 16, a nobreza italiana se divertia com um jogo chamado *Tarochi appropriati*, no qual os jogadores embaralhavam os Trunfos (Arcanos Maiores) e retiravam uma carta. Então, um jogador escrevia versos poéticos sobre o destino de um dos participantes. Essas cartas retiradas eram denominadas *sorte*.

Alguns autores afirmam que daí vem a origem do uso das cartas para leitura do futuro e a expressão "ler a sorte".

Na segunda metade do século 15, Luís XII havia conquistado a França e, em 1494, o Tarô foi levado para o território francês, onde encontrou refúgio na cidade de Marselha, lugar que viria a se tornar um importante centro de produção de baralhos de Tarô nos séculos seguintes e mudaria o curso da história das cartas. Mas foi apenas em 1627 que surgiu o que hoje chamamos de *Tarô de Marselha*. E que, na verdade, segue um estilo de desenho milanês das cartas. Ele não se refere a um modelo específico em si e acabou como um padrão de ilustração muito difundido pela Europa e impresso em diversos países com modificações empregadas por inúmeros autores ao longo da História. O arranjo das 78 cartas do Marselha se tornou o padrão para os baralhos posteriores. Os Tarôs no estilo de Marselha passaram então a ser os mais utilizados no mundo juntamente com o moderno Rider Waite, que veremos mais adiante.

A França foi responsável por popularizar o Tarô de Marselha na Europa, e outros países desenvolveram suas próprias variações desse estilo. É possível encontrar vários estilos de Tarôs de Marselha. O mais antigo, de 1672, é o François Chosson.

Há também o Nicolas Conver, de 1760, que foi restaurado pelo famoso tarólogo e cineasta Alejandro

O Prestidigitador no Tarô Nicolas Conver

Jodorowski e por Philippe Camoin em 2003. O Tarô de Marselha, de Nicolas Conver, é uma peça chave na História, pois foi ele que influenciou o ocultismo no século 18, reavivando assim sua utilização.

Os Tarôs de Marselha

É com toda a certeza que podemos afirmar que existem dois tarôs que são os mais populares e difundidos em todo o mundo.

O primeiro é o Rider Waite, também chamado de Waite Smith. Isso se deve ao fato de que sua autora, a artista Pamela Smith, não levou crédito pela sua preciosa criação.

Mas falemos agora sobre o segundo Tarô mais popular no mundo, o Tarô de Marselha. O certo seria dizer Tarôs de Marselha. Não se trata de um baralho específico, mas sim de toda uma variedade, um conjunto de cartas seguindo um padrão estético, curiosamente, italiano, ou seja, não francês, que ganhou fama na França e foi difundido por mestres impressores, mestres *cartiers* (*tarotiers*), sofrendo variações regionais pela Europa.

De estilo artístico marcante, tem contornos pretos, uma paleta de cores limitada devido aos escassos meios de produção da época, espaços em branco, e foi produzido originalmente em xilografia. O estilo de ilustração dos Tarôs de Marselha nasceu no norte da Itália, no século 15, e não na França ou em Marselha, como muitos pensam.

Esse estilo de Tarô foi levado do norte da Itália para a França, e Marselha teve um importante papel na história do Tarô, como o maior centro de produção dos séculos 17, 18 e 19 na Europa, divulgando as cartas para outros países, que passaram a fabricar o baralho no mesmo estilo.

O baralho no estilo marselhês mais antigo preservado de que se tem notícia é o do mestre *cartier* (mestre impressor de cartas) Jean Noblet, e curiosamente era produzido em Paris, e não em Marselha, datado de 1650. Das 78 cartas desse baralho só restaram 73 preservadas na Biblioteca Nacional de Paris. As cartas faltantes, do 6 ao 10 de Espadas, foram recriadas pelo pesquisador Jean-Claude Flornoy para reimpressões modernas.

O segundo mais antigo seria o Jean Dodal, criado em 1701, em Lyon, na França. A lista dos Tarôs de

Tarô de Marselha Jean Noblet

Marselha englobam ao todo 17 exemplares "franceses" mais conhecidos e outros diversos produzidos por mestres *cartiers* pela Europa, também por vezes chamados "Tarôs de Marselha" por seguirem o mesmo estilo de ilustração. Lembrando que, apesar desse estilo de baralho levar o nome da cidade francesa — Marselha era um polo de impressões —, tais baralhos foram produzidos por toda a França e em outros pontos do continente europeu. Esses Tarôs seguiam o mesmo padrão estético com algumas variações: as marcas do impressor (cidade, ano e nome completo do mestre cartier) eram normalmente feitas nas cartas 2 de Ouros e 2 de Copas. Já a assinatura do artista era feita no Arcano do Carro, a carta 7.

Nessa época, as cartas de Tarô se tornaram populares, e seu uso lúdico era feito pela nobreza, pelo povo e até pelo clero.

Marsílio Ficino

O padre católico Marsílio Ficino (1433-99), escolástico italiano, foi astrólogo e um dos filósofos humanistas mais influentes do Renascimento.

Cosme de Médici, fundador da dinastia dos Médici e governador de Florença de 1429 a 1464, pediu a Marsílio que traduzisse o *Corpus Hermeticum*, uma coleção de 17 textos alquímicos gregos escritos entre os anos 100 e 300, cuja autoria é atribuída à mítica figura de Hermes Trismegisto. Naquela época, os manuscritos acabavam de ser redescobertos. A tradução de

Ficino foi publicada em 1471, e inúmeras reedições, feitas ao longo de dois séculos, influenciaram místicos, pensadores e artistas. Há quem diga que a tradução do *Corpus Hermeticum* de Marsílio Ficino teria influenciado o desconhecido criador das ilustrações das cartas que viriam a se chamar Tarô de Marselha. Apesar disso, o Tarô do estilo Marselha mais famoso é o do fabricante Nicolas Conver, editado em 1760, devido à crença de alguns ocultistas de que essas cartas contêm um conhecimento místico esotérico velado. O autor Paul Marteau fez uma bela contribuição na divulgação desse baralho com o estudo das cartas de Nicolas Conver em sua obra *O Tarô de Marselha: tradição e simbolismo*.

A hegemonia do Tarô de Marselha só seria vencida com o lançamento do Tarô Rider Waite em 1911.

Nós últimos anos, o Tarô de Marselha vem sofrendo um movimento de revitalização com várias restaurações e fac-símiles.

Uma das restaurações mais famosas dos últimos tempos é a de Camoin-Jodorowsky, elaborada por Philippe Camoin, herdeiro da casa Nicolas Conver, e Alejandro Jodorowsky, famoso cineasta, psicomago e tarólogo chileno.

O termo "Tarô de Marselha" foi citado pela primeira vez no livro *Origine des cartes à jouer: recherches nouvelles sur les naibis, les tarots et sur les autres espèces de cartes...*, do historiador francês Romain Merlin.

O Tarô de Marselha teve um papel importantíssimo na construção da linguagem moderna do Tarô. Ele deu origem a inspirações ocultistas e despertou a curiosidade de muitos. Segundo Sallie Nichols, autora de *Jung e o Tarô*, as cartas de Marselha transcendem o pessoal, pois não há provas de que tenha sido um indivíduo em específico que criou as ilustrações, como acontece na maioria dos Tarôs contemporâneos.

O Tarô de Marselha aparece na história desacompanhado de um texto que explique o significado das cartas, entregando uma imagem sem palavras que nos toca lá no fundo e evoca sentimentos esquecidos. Fato esse que abriu as portas para divagações e a criação da cultura do Tarô esotérico.

A diferença entre um baralho de Tarô acompanhado de um texto e o baralho de Marseille desacompanhado do que quer que seja é sutil; mas é importante em função da nossa abordagem do Tarô. Para a nossa maneira de pensar, é a diferença entre ler um livro ilustrado e percorrer uma galeria de arte. Ambas são experiências valiosas, mas diferem muito em seus efeitos. O livro ilustrado estimula o intelecto e a empatia, ligando-nos às introvisões e sentimentos de outros. A galeria de arte estimula a imaginação, forçando-nos a mergulhar fundo em nossa criatividade e experiência de amplificação e compreensão. (Sallie Nichols, *Jung e o Tarô*)

Mais vale um dedo na mão ou um pênis circuncidado?
A curiosa carta do Mago de Jean Noblet.

Nos séculos 17 e 18, os impostos sobre a produção de cartas de Tarô eram um montante considerável do orçamento francês. As casas de impressões eram duramente vigiadas por fiscais. Antigos moldes acabaram sendo confiscados por agentes do governo. Jean Noblet, então, foi procurado para refazer moldes de gravação e decidiu deixar algumas marcas como o L, que representa seu esquadro de mestre nas cartas do Mago (LL Bateleur), A Temperança (Lemperance), e A Estrela (Lestoille). Mas a modificação mais curiosa foi o objeto na mão esquerda do Mago. Seria um dedo médio (recado para o fisco) ou um pênis circuncidado (mensagem cifrada cabalística)? Apesar de parecer cômico, já foi motivo de muitas discussões entre diversos autores e historiadores do Tarô.

Uma nova descoberta em 2023?

O Tarô de Felip Vachie.

Recentemente, em 2023, uma descoberta deixou o mundo do Tarô de cabelo em pé. A famosa casa de leilões francesa *Guigello et associés* foi palco de uma possível reviravolta na história do Tarô. Um baralho de Tarô de Marselha de um mestre *cartier* chamado Philippe Vachier (Felip Vachie), que leva a data de 1639 e agora acredita-se ser o Tarô de Marselha mais antigo, foi leiloado pela quantia de 63.000 euros. Seu avaliador, o historiador do Tarô Thierry Depaulis, autor do livro *Le tarot révélé: une histoire du tarot d'après les documents*, confirmou sua autenticidade. Muitos historiadores não concordam com Thierry. Essa história ainda tem muito a ser estudada. Mas fica aqui uma pulga atrás da orelha.

O Tarô Encontra o Meio Esotérico.
Court de Gébelin

Antoine Court, conhecido como "de Gébelin", foi em seu tempo um respeitado estudioso. A posteridade julgou o contrário, vendo nele um enciclopedista fracassado e um mistificador acidental. Sua principal reivindicação à fama continua sendo ter lançado as bases para uma leitura esotérica do Tarô.

Court de Gébelin nasceu na França em 1725, era filho do Pastor Antoine Court, uma figura eminente do protestantismo francês no século 18. Foi em Lausanne, na Suíça, que o jovem Antoine estudou teologia e se tornou pastor em 1754. Após a morte do pai em 1760, Court decidiu ir para a França, onde o processo contra os protestantes havia cessado. Ele chegou em Paris em 1763 e se estabeleceu no meio intelectual da época.

Por volta de 1770, ingressou na maçonaria e participou de diversas fraternidades, chegando a formar sua própria ordem de estudos filosóficos. Sua mente era investigadora, e isso o levou a se interessar pelo que hoje chamaríamos de linguística. Entre 1773 e 1784, publicou nove volumes do *Monde Primitif, analysé et comparé avec le monde moderne ou Recherches sur les antiquités du monde*. Trata-se de uma obra etimológica na qual Gébelin aborda a origem da linguagem e das crenças, tentando reconstruir a história das antigas civilizações. Essas publicações, lançadas em fascículos, contavam com assinantes famosos, como Maria Antonieta e Luís XVI. E foi no oitavo volume que Gébelin abordou as origens do Tarô.

Essencialmente, Court de Gébelin, em seu ensaio sobre o Tarô, afirmava que havia uma espécie de livro escondido nas cartas que continham os segredos egípcios. Também descreveu seu primeiro encontro com o Tarô quando visitou um amigo. Gébelin conta que, enquanto seu amigo jogava Tarô, ele teve um vislumbre sobre as cartas, interrompeu o jogo e começou a examiná-las. Devido a terem caído em desuso havia muito tempo em Paris, as cartas de Tarô eram praticamente desconhecidas. No entanto, Court de Gébelin relatou que entendeu imediatamente as origens egípcias e o conteúdo simbólico dos Arcanos.

Podemos afirmar que a compreensão intuitiva de Court de Gébelin das imagens do Tarô criou a base para a interpretação moderna, embora ele estivesse completamente errado sobre suas origens egípcias.

Mas, naqueles dias, o Egito ainda era visto pelos místicos românticos como um grande repositório de saberes esotéricos — principalmente pela força da herança renascentista já mencionada, pois muito pouco se sabia na Europa sobre aquela antiga e distante civilização. Os hieroglifos encontrados em monumentos e papiros egípcios ainda não haviam sido traduzidos, deixando espaço para muitas ricas especulações sobre os assuntos discutidos em tal misteriosa linguagem pictórica.

O julgamento da posteridade científica foi, no entanto, severo e preconceituoso com o trabalho de Court de Gébelin. Talvez isso tivesse sido diferente se o oitavo volume do *Monde Primitif* não falasse sobre Tarô.

ESFINGE DEL SERAPEUM

É importante frisar que Gébelin acrescentou mais um ensaio sobre o Tarô no oitavo volume de *Monde Primitif*, atribuído a M. le C. de M. Historiadores determinaram que o nome completo desse autor era Louis-Raphaël-Lucrèce de Fayolle, Conde de Mellet, membro da nobreza e oficial de cavalaria francesa do século 18, sobre o qual pouco se sabe. Em um discurso semelhante a Court de Gébelin, ele afirmou que o Tarô se originou entre os egípcios, e a ordem correta dos Trunfos havia sido invertida. Mellet também afirmou que os Arcanos Maiores começavam com O Mundo e terminavam com O Mago, seguido por O Louco. Ele explicou essas cartas de uma perspectiva que incluía a criação do mundo e as eras míticas.

Mellet discutiu brevemente o uso do *Livro de Thoth* (termo que ele usou no lugar do Tarô e que viria a se tornar um nome usado para se referir ao Tarô por diversos famosos ocultistas no futuro) para adivinhação. Além disso, explicou como ler o Tarô usando 10 cartas num método que supostamente fora criado por sacerdotes egípcios. E também deu significados divinatórios para alguns Arcanos e combinações de cartas.

E assim foi criado o mito do Tarô egípcio e as bases do Tarô esotérico.

Etteilla, o Primeiro Cartomante Popstar

No século 18, o primeiro cartomante que se tornou popular era conhecido como Etteilla (1738-91). Entusiasmado pelas ideias egípcias de Gébelin, ele desenvolveu um estilo único influenciado por cartomantes italianas. Etteilla deixou um forte legado no mundo das cartas, e sua obra inspirou e estimulou o uso do Tarô adivinhatório.

Jean-Baptiste Alliette, conhecido como Etteilla (Alliette de trás para a frente), foi um fenômeno cartomântico que abalou Paris. Ele escreveu os primeiros livros que temos sobre leitura de cartas e adivinhação com o Tarô, criou uma escola de Tarô e astrologia, e escreveu várias obras sobre leitura de cartas, quiromancia, astrologia e outros assuntos ocultos. Etteilla popularizou o uso de métodos de leitura e cartas invertidas e seus significados adivinhatórios, e foi a primeira pessoa a escrever interpretações detalhadas das 78 cartas do Tarô.

Etteilla criou um Tarô feito explicitamente para uso adivinhatório, projetando em seu baralho sua visão pessoal da filosofia oculta, acompanhado de um livro explicativo. E também

foi ele o primeiro cartomante a fazer associações astrológicas e alquímicas com as cartas.

Afirmava que o formato original do Tarô havia sido modificado ao longo do tempo. E foi mais longe do que Gébelin nas associações egípcias, afirmando que o Tarô havia sido desenvolvido por Hermes Trismegisto.

Etteilla dedicou a vida ao estudo do Tarô como texto sagrado e ferramenta de adivinhação. Quando morreu, deixou um pequeno grupo de alunos leais que continuaram seus ensinamentos por décadas. Etteilla pode ser considerado o primeiro tarotista moderno e profissional.

O Tarô *Le livre de Thoth / Tarot D'Etteilla*, que ficou conhecido como Tarô de Etteilla, é cercado de polêmica quanto à sua autoria. Teria Etteilla realmente criado e lançado o primeiro baralho adivinhatório?

Sim. Pelo que parece, o Grand Etteilla ou Tarot Egyptien foi realmente criado e lançado por Etteilla. Depois de muito hesitar em lançar seu próprio Tarô devido ao alto custo de impressão e publicação, em 1789 Etteilla criou um clube de assinantes — a Sociedade dos Intérpretes do Livro de Thoth —, e no mesmo ano entregou a seus assinantes as 78 cartas do seu Tarô. Interessante notar que o Tarô de Etteilla foi alvo de imitações ao longo do tempo por parte de editores — são elas os Tarôs Etteilla I, II e III, que, com o tempo, tomaram o posto de obras "oficiais". Esses Tarôs não originais, durante anos, causaram muita confusão e fizeram com que estudiosos do assunto questionassem a origem do Tarô Grand Etteilla.

O Tarô Grand Etteilla

CAPÍTULO

TRÊS

O TARÔ E AS ARTES ORACULARES E MÁGICAS

O Tarô já existia havia um bom tempo quando ele teve o primeiro contato com a magia. Mas... que tal reformular essa frase? O Tarô já tinha por volta de 400 anos quando a magia foi ao encontro dele. Existem defensores que batem o pé afirmando que o Tarô surgiu no Egito há 4.000 anos, ou que todo o conhecimento de Thoth estaria resguardado nas cartas. Já li também sobre uma teoria muito romântica e inspiradora a respeito da origem do Tarô de Marselha. A história é mais ou menos assim:

Havia, em uma pequena cidade no norte da Itália, uma praça com uma igreja católica, uma mesquita e uma sinagoga nas suas proximidades. Todas as tardes os três respectivos sacerdotes de cada templo se reuniam na praça para jogar cartas; daí surgiu o Tarô de Marselha com sua simbologia de origem judaico-cristã.

De todas as teorias, essa para mim é a que mais me traz paz interior, pois se trata de uma visão de um mundo de tolerância e aceitação.

Teorias e curiosidades à parte, o nome deste livro é *A história do tarô para quem tem pressa*. E, quando se trata de história, temos que recorrer a documentos e registros concretos, embora nada impeça que um dia a história mude.

Como foi dito no Capítulo Dois, o responsável pela egiptomania no Tarô foi Court de Gébelin, com o oitavo volume de *Monde Primitif* (1773), ao lançar as bases do Tarô esotérico com origens egípcias.

Logo depois, Jean-Baptiste Alliette, mais conhecido como Etteilla, lançou o primeiro manual esotérico de Tarô adivinhatório: *Etteilla, ou Manière de se recreer avec un jeu de cartes.*

Uma curiosidade ligada à cartomancia é que documentalmente, com exceção do "Tarô desenvolvido por Etteilla", a cartomancia, até o século 19, foi dominada por outros tipos de oráculos adivinhatórios de cartas e baralhos comuns de jogos, mais usados pelas cartomantes.

Foi Etteilla que inaugurou a cartomancia popular e, após ele, surgiram inúmeras obras que continham métodos de leitura de cartas para adivinhar o futuro. Algumas dessas obras possuíam propostas diversas, umas com cartas comuns e outras com oráculos e baralhos confeccionados para adivinhação. Com raras exceções, essas leituras tinham como referência o Tarô, mais comumente o Tarô de Etteilla, que, como vimos, foi criado exclusivamente para adivinhação e possui uma configuração diferente dos tarôs clássicos. Ou seja, os primeiros métodos de leitura publicados em livros sobre o assunto não eram voltados especificamente para o Tarô; concluímos assim que a prática documentada do Tarô adivinhatório é tardia.

Desses oráculos pensados especialmente para predições, o mais famoso foi o baralho Lenormand, que curiosamente não foi criado pela famosa cartomante Madame Lenormand.

A RAINHA DO ORÁCULO

Marie-Anne Lenormand (1772-1843), conhecida como uma das maiores cartomantes de todos os tempos, começou sua carreira como adivinha pouco antes do falecimento de Etteilla em 1791 e conquistou notoriedade ocupando o espaço dele na alta sociedade parisiense. Como cartomante do próprio Napoleão e da Imperatriz Josefina de Beauharnais, ela se envolveu em muitas polêmicas com suas previsões.

De origem humilde, a cartomante francesa se tornou uma celebridade no final do século 18 e início do século 19, e vivenciou o período da Revolução Francesa até o governo de Napoleão Bonaparte e a monarquia restaurada.

Órfã aos 5 anos, foi criada na Real Abadia das Senhoras Beneditinas de Alençon. Ficção ou não, logo cedo começou a prever quais de suas colegas de escola enfrentariam problemas. Um relatório afirma que ela previu quem substituiria a abadessa responsável por um convento local. E isso gerou enorme preocupação entre as freiras que cuidavam dela. Quando o nome da freira escolhida foi revelado, ela consolidou sua reputação inicial como clarividente.

Enquanto isso, Lenormand estava mais preocupada com seu próprio futuro e determinada a não permanecer em sua provinciana cidade natal.

Então, em 1786 e com apenas 14 anos, a jovem implorou às freiras que a mandassem para Paris. Na capital, com acesso a bibliotecas durante seus anos de convento, leu sobre a história da adivinhação, incluindo os oráculos gregos e romanos, os profetas babilônicos, os celtas, os druidas da Europa, além de diversos outros assuntos.

Sua reputação, mesmo quando menina, a precedera em Paris, e ela logo largou o convento para atender clientes de várias classes sociais, cobrando seis francos por dia. A turbulência daquela época e a queda da monarquia e da Igreja como pilares da sociedade causaram uma enorme ansiedade nos cidadãos, fossem eles ricos ou pobres, e as pessoas passaram a procurá-la em busca de algo em que acreditar e confiar.

O início da carreira de Lenormand ocorreu durante um período da História francesa conhecido como Reinado do Terror, e qualquer um que questionasse os ideais da Revolução, ou que fizesse parte da velha classe dominante, poderia repentinamente ser arrastado para a guilhotina, onde multidões se reuniam para assistir às decapitações públicas.

Lenormand frequentemente recebia cartas de prisões, sendo a mais conhecida a Bastille-Saint--Antoine — uma fortaleza medieval ainda de pé em Paris —, que na época era usada para trancafiar prisioneiros políticos.

Socialistas e revolucionários a visitavam ou escreviam para ela, desesperados por garantias sobre seu futuro. E Lenormand fazia previsões precisas sobre a chance desses "clientes" sobreviverem ao terror. A cartomante também teria previsto a ascensão de Josefina, a Imperatriz. A partir disso, Lenormand adquiriu riqueza e propriedades enquanto continuava a exercer seu negócio, e se tornou a favorita da Imperatriz, o que lhe permitiu negociar um casamento vantajoso para a irmã e garantir ao irmão um posto relevante nas Forças Armadas. A coleção de livros em suas prateleiras cresceu para incluir as dezenas de volumes de sua autoria. E sua coleção de arte incluía vários retratos dela mesma feitos por grandes artistas da época. Em 1814, a cartomante publicou o primeiro de vários livros que escreveria: eles incluíam tratados sobre o oculto, um relato em dois volumes de sua amizade com a Imperatriz e um livro de memórias.

Embora Lenormand tenha conseguido aliados de confiança em tempos de turbulência política e social, suas previsões sobre a data da própria morte se mostraram falsas. Madame Lenormand faleceu em 25 de junho de 1843.

Aproveitando, então, o sucesso da famosa adivinha, um baralho de 36 cartas foi patenteado com o nome dela por questões publicitárias/mercadológicas e ganhou uma fama que se espalha até os dias atuais com suas inúmeras variações. Esse baralho é conhecido hoje em dia como Lenormand, o qual muitos afirmam erroneamente ser de autoria da famosa cartomante.

Baralho Cigano *Versus* Tarô

No Brasil, o Baralho Lenormand ficou conhecido como Baralho Cigano. Coisas não só do imaginário popular, que se funde ao sincretismo religioso, como também criação de alguns antigos autores que atribuíam a cartomancia aos ciganos. Atualmente, muitas pessoas chamam o Tarô de Baralho Cigano por causa dessa confusão.

Que tal esclarecer isso de vez? Baralho Cigano é o nome dado popularmente ao Baralho Lenormand no Brasil, uma cópia de um baralho alemão chamado Jogo da Esperança (*Das Spiel der Hoffnung*), um jogo baseado numa configuração de 36 cartas, que corresponde à utilização de nove cartas do baralho comum, as cartas numeradas de 6 a 10, mais as cartas da Corte, sem a presença dos cavaleiros de cada naipe.

Essa configuração, conhecida como Jeu de Piquet, foi muito usada na França em jogos de baralho. Por alguma razão, seu editor, Johann Kaspar Hechtel (1771-99), decidiu aliar ilustrações às cartas e também um tabuleiro que acompanhava o baralho.

Uma das formas de jogar descritas no manual que compunha o conjunto era fazendo previsões oraculares recreativas.

Após a morte de Madame Lenormand, o Jogo da Esperança ganhou o nome de Baralho Lenormand. Por questões óbvias, alguns editores europeus na época seguiram a mesma ideia de adicionar o nome da famosa cartomante em oráculos de cartas. Aqui no Brasil, o Baralho Lenormand é comercializado sob diversos nomes, inclusive Tarô Cigano.

E como já vimos até aqui, para podermos chamar um baralho de Tarô ele precisa obedecer a toda uma estrutura de 22 Arcanos Maiores e 56 Menores. Mistério resolvido.

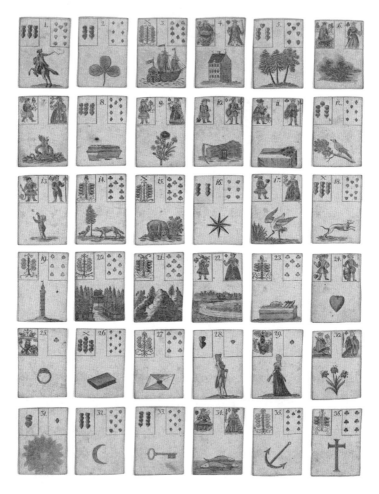

Jogo da Esperança

A Escola Francesa e a Escola Inglesa de Magia

No meio ocultista iniciático, o Tarô, a princípio, foi considerado um instrumento mágico, de reflexão e de estudo. Apenas no século 20 essas funções foram somadas às práticas adivinhatórias na magia.

Etteilla, apesar de todo o seu trabalho muitas vezes criticado em torno do Tarô e da adivinhação, não pode ao certo ser considerado um ocultista no sentido correto do termo. Ocultismo é um sistema filosófico que consiste no estudo e na prática de diversas artes, como a magia em seus diferentes estilos e escolas, a astrologia, o hermetismo, a alquimia, a cabala, o tarô, o yoga, as práticas meditativas, dentre outras.

O movimento ocultista surgiu no século 19, uma época de turbulência na Europa, pois as consequências do choque da Revolução Francesa e a percepção de que uma mudança social real era possível continuaram a reverberar por todo o continente. E foi nesse cenário que surgiu Eliphas Levi (Alphonse Louis Constant, 1810-75), um dos maiores e mais influentes ocultistas de todos os tempos. Seu pseudônimo (Eliphas Levi Zahed) seria uma tradução literal do seu nome para o hebraico, pois dessa maneira pretendia ser mais facilmente associado a cabalistas famosos.

Eliphas Levi

Eliphas Levi foi não apenas o fundador do movimento ocultista na França, como também o primeiro magista que conectou o Tarô à tradição mágica de maneira sistematizada e aprofundada.

A vida de Levi é repleta de passagens interessantes. Quando fez a Primeira Comunhão aos 12 anos, ele a considerou uma experiência profundamente comovente; e, como resultado desse entusiasmo e de sua óbvia inteligência, o padre local encontrou uma vaga para ele numa pequena escola particular que dirigia para alunos que considerava promissores. Aos 15 anos ele foi transferido para uma escola em Saint-Nicolas-du-Chardonnet, que preparava seus alunos para entrar no seminário e estudar para o sacerdócio. Um de seus professores foi Philippe Antoine Frère, padre que estudava "magnetismo animal" e que muito influenciou o jovem Levi. Embora o abade estivesse convencido de que o "magnetismo animal" não era uma ferramenta do "diabo" (e ficaria aterrorizado com a carreira posterior de Eliphas Levi), sua visão da História foi revolucionária para o jovem. Infelizmente para o abade, suas crenças foram declaradas heréticas e ele foi destituído de seu cargo e punido. Todos os alunos que mencionaram seu nome foram punidos também, assim como aqueles considerados seus apoiadores. Tanto os ensinamentos do abade como o seu destino exerceram um grande impacto em Levi, minando sua confiança nas autoridades e nos ensinamentos católicos.

Apesar dessas dúvidas, o jovem Alphonse continuou seu sacerdócio, mudando-se para o Seminário de Saint-Sulpice em 1830. Como resultado, ele se sentiu isolado e retraiu-se. Desmotivado, passou a não confiar nos colegas, além de, gradativamente, ir perdendo a fé na Igreja. Parte de seu papel no seminário era ensinar jovens prestes a receber a Primeira Comunhão. Foi quando conheceu Adele e se apaixonou. A natureza exata do relacionamento com Alphonse não é clara; mais tarde ele insistiria que era platônico, mas seus críticos (é claro) têm uma interpretação muito menos benevolente. Fosse o que fosse, bastou para Alphonse concluir que os limites do sacerdócio não eram para ele. Consequentemente, menos de dois meses antes de sua ordenação em 1836, retirou-se do seminário e renunciou, despertando a ira de seus superiores.

Ele havia feito votos permanentes de castidade e obediência como subdiácono e diácono; portanto, retornar à vida secular foi particularmente doloroso. Para sobreviver, realizou diversos trabalhos em Paris. Curiosamente, continuou a usar o traje clerical, a batina, até 1844.

Em 1850, aos 40 anos, sucumbiu a um período de agonizante crise financeira e espiritual, que o levou a encontrar refúgio em meio ao esoterismo e ao ocultismo. Foi nessa época que começou a escrever e publicar suas obras.

Levi foi o primeiro autor a associar o Tarô às artes ocultas em seu famoso livro *Dogma e ritual da Alta*

Magia, publicado 1856. A obra contém 22 capítulos, e cada um deles tem como base um Arcano Maior do Tarô tratado de maneira iniciática.

Seu extenso legado bibliográfico inclui em torno de 40 obras mágicas, entre elas *História da magia, A chave dos grandes mistérios, O livro dos esplendores,* dentre outras tantas.

A tese de magia, propagada por Eliphas Levi, teve grande notoriedade, principalmente após sua morte. Levi incorporou as cartas do Tarô em seu sistema mágico e, como resultado, o Tarô tem sido uma parte importante das ferramentas mágicas ocidentais.

A obra de Levi impactou profundamente o movimento ocultista. Ele não se interessava pela cartomancia; pelo contrário, sempre deixou claro que a cartomancia era uma prática vulgar. Em *Dogma e ritual da Alta Magia*, cita o Tarô como a chave para os grandes mistérios da cabala. Levi foi o primeiro a associar o Tarô à cabala, traçando um paralelo entre as 22 letras do alfabeto hebraico com os 22 Arcanos Maiores. Essas analogias são, até os dias atuais, usadas e estudadas, e variam de autor para autor, assim como de uma escola ocultista para outra.

O Século 19 e o Tarô

O século 19 foi um período de efervescência de ideias espirituais, filosóficas e políticas, com enormes avanços e descobertas no campo da ciência. Nesse período, tivemos o ápice do Romantismo, com o espírito romântico criando uma visão de mundo centrada no indivíduo. Allan Kardec criou o termo espiritismo em 1857. Seus estudos e obras levaram o pensamento humano sobre o mundo espiritual a um novo patamar.

Em 1848, Friedrich Engels e Karl Marx lançaram *O manifesto comunista*.

A primeira onda de ativismo feminista, que buscava romper com os padrões tradicionais da sociedade, ocorreu também no século 19.

Os primórdios da psicanálise datam de 1882, quando Sigmund Freud, recém-formado, começou suas práticas e experimentos clínicos. E, nesse contexto social, ocultistas que buscavam uma nova visão de mundo tinham o momento e o cenário certos para crescer nesse espaço, e o Tarô pegou carona nessa corrente de pensamento.

As teorias de Levi influenciaram toda uma geração de ocultistas franceses. Jean-Baptiste Pitois (1811-77), discípulo de Levi, mais conhecido como Paul Christian, cunhador do termo Arcano; Oswald Wirth (1860-1943); Stanislas de Guaita (1861-97); Papus

(1865-1916); e Joséphin Peladan (1858-1918) são os nomes mais relevantes. Dentre muitos ocultistas franceses importantes há dois a quem, na linha temporal, precisamos dar a devida importância: Oswald Wirth e Papus.

Oswald Wirth

O suíço Joseph Paul Oswald Wirth foi um estudioso cabalista, escritor, maçom, ocultista e artista que viveu grande parte da vida na França, onde se envolveu com Papus e o movimento ocultista francês. Wirth pintou o primeiro Tarô ocultista que usava as imagens do Tarô de Marselha como base, fundindo ideias ocultistas com pitadas de egiptomania.

Le Tarot des imagiers du Moyen-Âge foi lançado em 1889, e suas imagens ilustraram a primeira edição do livro *O tarô dos boêmios*, de Papus.

Wirth também relacionou cada letra do alfabeto hebraico a uma carta dos Arcanos Maiores, seguindo as ideias de Papus. Essas analogias influenciaram martinistas, rosa-cruzes e ocultistas franceses, e diferem das convenções que viriam a ser usadas pela escola ocultista inglesa.

O Carro no Tarô dos escultores da Idade Média,
criado por Oswald Wirth

Uma curiosidade é que Oswald Wirth não desenhou os Arcanos Menores no Le Tarot des imagiers du Moyen-Âge; as cartas menores viriam a ser criadas postumamente com o intuito comercial de lançar um baralho completo de Tarô com 78 cartas. Wirth trabalhou bastante sua visão sobre o Tarô e a combinação das cartas em seus livros, além de escrever sobre outros temas, como astrologia e simbologia.

Papus

Gérard Anaclet Vincent Encausse (1865-1916), mais conhecido como Papus, inspirado pelas ideias de Eliphas Levi, foi um dos maiores nomes do ocultismo mundial. Médico de formação, teosofista, restaurador da Ordem Martinista, líder ocultista francês e autor de inúmeras obras sobre ciências ocultas, dentre elas duas que falam especificamente sobre Tarô e que vieram a modificar a trajetória temporal da história das cartas.

A primeira, *O tarô dos boêmios* (1889), originalmente lançada com o Tarô de Oswald Wirth.

E a segunda, *O tarô adivinhatório* (1909). Obra importantíssima no meio tarológico, pois nela Papus traz todo um emaranhado de analogias simbólicas astrológicas, cabalísticas, hindus, com letras hebraicas, sânscrito e hieroglifos egípcios, além de significados da cartomancia clássica. Todas essas analogias foram estudadas e exploradas durante anos por Papus em suas viagens e encontros com cartomantes pela Europa. A arte do Tarô ficou por conta do pintor francês Jean-Gabriel Goulinat.

Papus trouxe uma visão mais eclética para a história do Tarô, não apenas como um instrumento adivinhatório, mas como uma ferramenta esotérica de autoconhecimento.

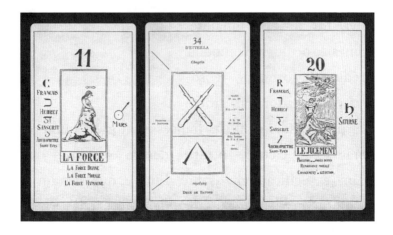

CAPÍTULO QUATRO

O Surgimento do Tarô Rider Waite (Waite Smith)

Não há dúvidas de que ele é o baralho de Tarô mais popular do mundo. Alguns autores afirmam que o fato de possuir todas as cartas ilustradas com um simbolismo explícito o torna de fácil compreensão.

Como vimos, os primeiros vestígios do Tarô surgiram no século 14. E cinco séculos de evolução antecedem a criação do Tarô Rider Waite, lançado em 1909. Apesar disso, foi esse Tarô, pintado por Pamela Smith, que influenciou e continua a influenciar a criação de muitos Tarôs contemporâneos, fato que o levou a se tornar uma referência mundial. Sua influência só pode ser comparada ao universalismo do Tarô de Marselha, que foi a obra-mãe desse universo comercial das cartas.

10 de Copas no Tarô Rider Waite

Criado por Arthur Edward Waite (1857-1942) e Pamela Colman Smith (1878-1951), o Tarô Rider Waite traz uma novidade: além dos 22 Arcanos Maiores ilustrados minuciosamente, os 56 Arcanos Menores também possuem cenas detalhadas nas ilustrações, algo inédito até então, pois os Arcanos Menores eram ilustrados apenas com os símbolos dos naipes correspondentes.

Arthur Edward Waite

Arthur Edward Waite, místico inglês, dedicou a vida ao ocultismo, deixando mais de 20 obras sobre o assunto, que englobam adivinhação, esoterismo, rosacrucianismo, maçonaria, magia cerimonial, cabala e alquimia. Waite nasceu em Nova York, no dia 2 de outubro de 1857. Seu pai, Charles F. Waite, era da Marinha Mercante e morreu no mar quando Arthur era pequeno.  Após a morte do pai, a mãe de Waite, de nacionalidade inglesa, voltou com a família para Londres. Como o pai e a mãe não eram casados, no retorno da família à Inglaterra eles foram rejeitados pelos parentes protestantes e ricos da mãe, o que os forçou a viver em relativa pobreza. Foi devido a tal rejeição que a mãe de Waite se converteu ao catolicismo. Os ensinamentos da Igreja tiveram um forte impacto em Waite, incutindo nele um amor pelo cerimonial e pela ritualística. Embora a família fosse pobre, a mãe conseguiu que ele frequentasse pequenas escolas particulares no norte de Londres até que o matriculou no prestigiado St. Charles College, aos 13 anos.

Por fim, ele precisou abandonar a escola para poder trabalhar, mas manteve o gosto de escrever poesia em seu tempo livre. Aos 21 anos, começou a estudar textos esotéricos no Museu Britânico, e foi lá que encontrou um homem chamado MacGregor Mathers, fundador da famosa Ordem Hermética da Aurora Dourada (do inglês Hermetic Order of the Golden Dawn).

Em janeiro de 1891, Waite e sua esposa, Ada Lakeman, foram iniciados no Grau de Neófito na OHAD. O envolvimento de Waite na Ordem foi irregular. No entanto, em abril de 1892, ele avançou para o Grau de Philosophus 4 = 7. Foi nesse momento que Waite deixou a Ordem. Ele sempre fora a favor do caminho místico, e não do ocultista, e nunca se vira nos olhos de Mathers. Um ou dois anos depois, foi persuadido a voltar à Ordem e, em 1899, admitido no Círculo Interno da Golden Dawn. Infelizmente, a essa altura, a Ordem já se encontrava em declínio por divergências internas. Por ora, vamos parar um pouco aqui nessa história, mas já volto a ela.

Pamela Colman Smith

A personagem principal desse enredo é a londrina Pamela Colman Smith (1878-1951), filha de Charles Edward Smith e Corinne Colman. Devido à carreira do pai, um comerciante da West India Improvement Company, os três se mudavam com frequência entre o Brooklyn, Londres e Kingston, capital da Jamaica. Aos 10 anos, a mãe faleceu, deixando-a aos cuidados de três membros seniores do Lyceum Theatre — Ellen Terry, Henry Irving e Bram Stoker, sim, Bram Stoker, o autor de *Drácula*. O pai estava sempre longe, preocupado  demais com o trabalho para cuidar dela naquele momento. Nos cinco anos seguintes, Pamela viajou por grande parte da Inglaterra com uma companhia de teatro. Isso afetaria bastante seus trabalhos artísticos posteriores, de modo que, em vez de ter treinamento formal em um movimento artístico específico no início da carreira, ela foi exposta a uma visão mais holística da arte.

Em 1893, aos 15 anos, foi para os Estados Unidos, onde retornou aos cuidados do pai no Brooklyn, matriculando-se no Pratt Institute, onde estudou Belas Artes com o renomado professor Arthur Wesley Dow. Ele a inspiraria a trabalhar por meio de sinestesia (cruzamento de sinais sensoriais; por exemplo, ouvir cores, provar imagens, ver sons etc.)

Pamela é apontada como parte do movimento simbolista que ocorreu no final do século 19. Dona de um estilo próprio que logo a transformou numa requisitada ilustradora, alguns de seus desenhos mais populares foram utilizados em obras de Bram Stoker e William Butler Yeats. Além disso, ilustrava os próprios livros e escreveu peças de teatro e uma coletânea de contos folclóricos jamaicanos, intitulada *Annancy Stories* (1902).

William Butler Yeats, para quem ilustrou inúmeras obras literárias, foi o catalisador de algumas mudanças na vida de Pamela. Em 1901, ele a apresentou a seus amigos na Ordem Hermética da Aurora Dourada. Em algum momento de sua experiência na Ordem, ela conheceu o poeta e místico Edward Waite. E agora voltamos à nossa história.

O surgimento do Tarô mais famoso do mundo

Por volta de 1909, Waite contratou Pamela para fazer a arte de um novo baralho de Tarô que ele estava interessado em criar. Queria um baralho de Tarô no qual todas as cartas fossem ilustradas, o que era algo completamente novo. Até aquele momento, ao longo da história do Tarô, os baralhos tinham apenas ilustrações nos Arcanos Maiores.

O único exemplo conhecido de um baralho totalmente ilustrado até então era o Sola Busca, que havia sido encomendado por uma família milanesa por volta do ano 1490. Waite sugeriu que Pamela usasse o Sola Busca como inspiração, e por isso há muitas semelhanças no simbolismo entre os dois jogos de cartas. Vide o 10 de Espadas e o 10 de Paus.

10 de Paus no Rider Waite e 10 de Espadas no Tarô Sola Busca

Pamela foi a primeira artista a usar personagens como imagens representativas nos Arcanos Menores. Em vez de apenas mostrar um grupo de naipes, trabalhou os seres humanos em seus ambientes e criou uma rica simbologia oculta que veio a estabelecer um novo padrão no Tarô. As ilustrações foram criadas usando o guache de Pamela Smith, um tipo de aquarela opaca misturada com pigmentos naturais e um agente de ligação, frequentemente encontrado em trabalhos publicitários da época. A coleção resultante de 78 cartas foi publicada pela editora Rider & Son e vendida por seis xelins como o primeiro baralho de Tarô produzido em série, e acompanhava um pequeno livro de Tarô, *The Pictorial Key to the Tarot*, de autoria de Waite.

Foi por causa do editor e de Edward Waite que o baralho ficou conhecido comercialmente como o Tarô Rider Waite, embora em alguns círculos seja chamado de Waite Smith, ou mesmo Rider Waite Smith, como crédito à artista, que, em vida, quase nada ganhou com sua obra-prima — nem mesmo seu nome apareceu no lançamento.

Dois anos depois de criar suas icônicas imagens do Tarô, Pamela se converteu ao catolicismo e, uma década depois, usou o dinheiro de uma herança para abrir um lar para padres na Cornualha, Inglaterra. Embora tenha continuado a produzir ilustrações, incluindo várias para o esforço de guerra durante a Segunda Guerra Mundial, Pamela Colman Smith

THE PICTORIAL KEY
TO THE TAROT

Being Fragments of a Secret
Tradition under the Veil
of Divination

By

ARTHUR EDWARD WAITE

*With 78 Plates, illustrating the Greater and Lesser Arcana,
from designs by Pamela Colman Smith.*

LONDON
WILLIAM RIDER & SON LIMITED
1911

A chave pictórica do tarô. Livro escrito por Arthur Waite para acompanhar o
Tarô Waite Smith, criado por Pamela Smith

não ganhou muito dinheiro com arte — e nunca recebeu royalties pelas imagens do seu famoso Tarô. Embora sua obra fosse popular, ela jamais obteve sucesso comercial e morreu pobre. Posteriormente, seus objetos pessoais, incluindo obras de arte não vendidas, foram leiloados para liquidar dívidas pendentes.

Por mais onipresentes e amadas que sejam as imagens nas cartas, a artista por trás delas teve pouco reconhecimento. Em seus escritos pessoais, Pamela observou que o projeto era *"um enorme trabalho por muito pouco dinheiro!"*. E até recentemente seu nome foi deixado de fora da maioria das edições do baralho.

Esses, digamos, percalços, acompanham perguntas recorrentes sobre a etnia e a orientação sexual de Pamela. Os escritos de seus contemporâneos e o pouco que sabemos de sua vida sugerem que ela possuía raízes africanas e mantinha relações sexuais com outras mulheres, tornando-se vítima de preconceito. Como resultado, passou a ser uma figura importante nas discussões da comunidade moderna de Tarô, sobre como o racismo, a misoginia e a homofobia reinavam nesses círculos.

O Tarô de Waite é uma obra-prima repleta de simbologias que remetem ao misticismo judaico-

-cristão, à astrologia, à alquimia e à cabala. Embora seja o preferido de muitos, infelizmente a maioria das pessoas não se atém aos profundos significados das cartas, deixando-se levar apenas pelos significados superficiais.

CAPÍTULO

CINCO

A Psicologia Encontra as Cartas

Arquétipo — essa palavra anda na moda, mas o que significa, afinal?

O termo *arquétipo* vem do grego *arché* (ἀρχή), que significa "ponta, princípio" com a junção de *tipós* (τύπος), que significa "marca, tipo". Esse termo é explorado em diversas escolas de pensamento, como na psicologia junguiana, mas tem sua origem na filosofia.

O filósofo grego Platão fundou a Academia de Atenas por volta de 387 a.C., onde desenvolveu diversos estudos voltados para a filosofia, a metafísica, a epistemologia, a política, a ética... Platão foi o criador da Teoria das Ideias.

A Teoria das Ideias diz que, para qualquer coisa existir no que convencionamos considerar a realidade, é necessário existir no mundo das ideias, ou das formas. Para Platão, uma Forma, ou uma Ideia, é uma essência eterna, imutável e universal.

O ponto mais interessante na sua teoria é que essas Formas têm uma existência objetiva, ou extramental. Elas existiriam, mesmo que nenhum ser humano existisse ou nelas pensasse.

Por exemplo, segundo Platão, Bondade, Justiça, Verdade e Beleza existem num mundo deslocado do espaço e do tempo. Elas existiam antes da nossa existência, e foi apenas quando nossas mentes começaram a pensar sobre formas e gerir ideias que o genuíno conhecimento humano se tornou possível. Essas formas são modelos originários de todas as coisas existentes.

Em alguns escritos, Platão parece ensinar que padrões no mundo físico têm um arquétipo ou um padrão perfeito existindo no mundo imutável, eterno e imaterial das Formas.

Sendo assim, quando pensamos na humanidade e seus feitos, toda a narrativa tem um ponto de conexão: os personagens. E tudo isso tem um ponto em comum na história da humanidade e na mitologia.

Em 1919, o psicanalista suíço Carl Gustav Jung começou o desenvolvimento da sua teoria dos arquétipos, na qual ele afirma que os fenômenos que os nossos antepassados viveram — em um nível coletivo e em diferentes épocas, culturas e sociedades — modelam a nossa maneira de ser.

Tal conexão, segundo Jung, é feita pelo "Inconsciente Coletivo". Esse inconsciente surge a partir de todas as experiências que o ser humano vem vivenciando desde os primórdios da civilização.

Todos nós fazemos parte do grande Inconsciente Coletivo, pois ele se relaciona com o todo. E a partir dele temos o nosso Inconsciente Pessoal, nossas experiências como indivíduos, e o nosso Consciente, que é aquele que vive essas experiências.

Determinados acontecimentos e situações geram padrões de comportamento. São esses padrões, formatos de comportamento, que Jung convencionou chamar de Arquétipos.

As diversas experiências vividas durante a nossa existência fazem com que diferentes arquétipos sejam ativados. Eles influenciam a maneira como vemos o mundo, o outro, como agimos e reagimos, e a maneira como as outras pessoas nos enxergam e interagem conosco.

CAPÍTULO CINCO: A PSICOLOGIA ENCONTRA AS CARTAS

Os arquétipos se comunicam com o nosso inconsciente por intermédio de imagens e símbolos. E inconscientemente eles moldam quem nós somos, nossos pensamentos, emoções e atitudes. Segundo Jung, existem arquétipos principais. São eles:

O Self — O centro da psique. Ele nos dá nosso senso de unidade, conectando nossos arquétipos, nosso consciente e nosso inconsciente, e nos leva em busca do nosso objetivo final, que seria alcançar um estado de autorrealização. Jung chama esse processo de Individuação.

A Sombra — É o oposto de quem você pensa que é. São fragmentos da nossa personalidade que não reconhecemos.

O Anima — É o aspecto feminino dentro de uma psique masculina.

O Animus — É o aspecto masculino dentro de uma psique feminina.

A Persona — É como nos apresentamos ao mundo. São as máscaras que vestimos em diferentes tipos de interações sociais.

O Herói — Este arquétipo é muito comum. Nos comovemos com sua jornada, pois faz com que nos identifiquemos com essa imagem que há em nós.

O Velho Sábio — Ele representa a sabedoria. Este arquétipo nos faz buscar conhecimento, e também nos leva a procurar e a nos identificar com líderes.

O Tarô e os Arquétipos

Na história moderna do Tarô, a psicologia junguiana teve grande influência na sua linguagem, o que acabou criando a corrente das analogias psicológicas das cartas. Muito se fala sobre Jung e o Tarô. Mas poucos indagam se Jung realmente falou sobre as cartas.

Há pouco material que sustente tal afirmação. Mas, sim, Jung explorou os Arcanos, porém não de maneira tão profunda como muitos pensam.

No dia 16 de setembro de 1930, ele escreveu uma carta para Emma Eckstein (ex-paciente e depois aluna, amante e a primeira mulher a praticar a psicanálise na História) a respeito do Tarô. Jung também falou sobre Tarô num seminário sobre imaginação ativa em março de 1933.

Em seu livro *Os arquétipos e o inconsciente coletivo*, Jung escreveu sobre as cartas:

Também parece como se o conjunto de imagens nas cartas do Tarô fossem distantes descendentes dos arquétipos de transformação, opinião que foi confirmada por mim em uma palestra muito esclarecedora pelo professor Bernoulli.

Por volta de 1950, Jung fez algumas experiências com o Tarô em seu instituto — CG Jung — em Zurique. Durante seus estudos, ele concluiu que os mitos, a astrologia, a cabala, o I Ching, os sonhos e sistemas simbólicos tinham muita similaridade com a linguagem simbólica do Tarô.

Mas foi com uma de suas alunas do CG Jung, Sallie Nichols, que essa visão tomou o mundo. Em 1988, Nichols lançou um livro que viria a se transformar numa das maiores referências modernas no Tarô, *Jung e o tarô*, obra na qual ela explora a linguagem da psicologia junguiana nos Arcanos e a visão arquetípica das cartas.

JOSEPH CAMPBELL, O MONOMITO, A JORNADA DO HERÓI E O TARÔ

Dentro de um contexto contemporâneo, as ideias do escritor norte-americano Joseph

Campbell (1904-87) também influenciaram a interpretação moderna das cartas. Esse tipo de interpretação é popularmente chamado, no Tarô, *A Jornada do Louco*.

Joseph Campbell foi um dos maiores mitologistas de todos os tempos, famoso por seus estudos de mitologia e religião comparada, e autor de *O herói de mil faces*, publicado originalmente em 1949. Nesta sua primeira obra, Campbell desenvolveu a teoria da jornada do herói arquetípico, encontrada em inúmeras mitologias e culturas ao redor do mundo. As 22 cartas dos Arcanos Maiores contam uma história, uma jornada, a *Jornada do Herói*, o conceito do Monomito criado pelo autor.

Esse conceito diz que toda narrativa de uma história, de um mito, segue um padrão, uma estrutura básica de criação. Por isso é possível perceber semelhanças entre as mitologias cristã e suméria, entre as mitologias egípcia e grega. Da mesma forma como percebemos semelhanças entre a vida de grandes mestres, como Cristo, Buda e Moisés, entre outros.

E como a arte imita a vida e a vida imita a arte, podemos vivenciar esses padrões na literatura e no cinema. São muitos os autores que utilizam o Tarô como uma ferramenta para o desbloqueio da criatividade e para a construção de uma narrativa.

Segundo Campbell, todo mito vai passar pelas mesmas fases em sua narrativa. São elas as 12 etapas da Jornada do Herói: o mundo comum; o chamado à aventura; a recusa ao chamado; o encontro com o mentor; a travessia do primeiro limiar; o ventre da baleia; a aproximação da caverna oculta; a provação suprema; a recompensa; o caminho de volta; a ressurreição; e o retorno com o Elixir.

O mundo comum é o momento no qual a jornada ainda não começou. Antes que o nosso Herói descubra um mundo novo e estranho, precisamos entender o *status quo*: sua realidade comum e mundana.

O chamado à aventura tem tudo a ver com inicializar o Herói fora da sua zona de conforto. Nesse estágio, ele é geralmente confrontado com um problema ou desafio que não pode ignorar. Esse catalisador pode assumir várias formas, como aponta Campbell.

A recusa ao chamado é o momento em que o Herói recebe sua convocação. Mas será que ele está pronto para ser derrotado ou para derrotar o mal? Aqui surge a dúvida.

O encontro com o mentor se dá quando o Herói passa a ter um *personal trainer*. E decide, então, continuar a aventura, mas ainda não está preparado. É inexperiente nesse momento.

Logo, o mentor vem fornecer treinamento prático, profunda sabedoria, coragem e autoconfiança.

Cabe, nessa etapa inicial, definir o cenário, apresentando o Herói, e permitir que os leitores se identifiquem com ele como uma pessoa "normal" em um ambiente "comum", antes do início da jornada.

Na travessia do primeiro limiar, o Herói entra no outro mundo.

A partir daí, ele está pronto e comprometido com a jornada. Isso marca o fim do primeiro estágio e é quando a aventura começa. Não há mais volta.

Chegou o momento das provas, aliados e inimigos. Agora o Herói vai enfrentar novos desafios e receber ajuda de amigos. Quando entramos no mundo especial, notamos uma mudança definitiva. O Herói pode ficar desconcertado com essa realidade desconhecida e suas novas regras. Esse é geralmente um dos estágios mais longos da história, já que nosso protagonista enfrenta esse novo mundo.

A aproximação da caverna oculta é o momento em que o Herói se aproxima do seu objetivo. A "caverna oculta" se refere ao ponto mais perigoso do outro reino, próximo do inimigo, do desafio central. Quase sempre é onde está localizado o objetivo final da missão.

Na provação, o Herói enfrenta o maior teste de todos até então.

De todos os testes que o Herói enfrentou, nenhum deles levou ao fundo do poço. Campbell se refere a ele como a "barriga da baleia". Um momento sombrio para o Herói.

Agora ele deverá enfrentar seu maior medo. Se ele sobreviver, sairá transformado. Este é um momento crítico da aventura.

A provação, às vezes, não é o clímax da história. Há mais por vir, e você pode pensar nisso como o evento principal do segundo ato, aquele em que o Herói realmente ganha o título de "Herói". Na recompensa, o Herói vê a luz no fim do túnel. Ele já passou por muita coisa, mas os frutos do seu trabalho estão agora à mão!

A "recompensa" é o reconhecimento de que o Herói lutou durante toda a jornada.

O caminho de volta acontece quando a luz no fim do túnel pode estar um pouco mais longe do que o Herói imaginava. Lembra do desenho animado *Caverna do Dragão*, no qual os protagonistas nunca conseguem voltar para casa no final?

A aventura ainda não acabou, pois essa fase marca o início do Ato Três. Agora que conquistou a recompensa, o Herói tenta retornar ao mundo comum, porém mais perigos surgem na estrada de volta da caverna mais próxima.

Mais precisamente, o Herói deve lidar com as consequências do ato anterior: o dragão, enfurecido pelo Herói que acabou de roubar um tesouro, inicia a caçada. Ou talvez o exército oponente se reúna para perseguir o Herói num campo de batalha. Todos os obstáculos adicionais para o Herói devem ser enfrentados antes que ele possa voltar para casa.

CAPÍTULO CINCO: A PSICOLOGIA ENCONTRA AS CARTAS

Ressurreição é o momento em que o último teste é realizado.

Aqui está o verdadeiro clímax da aventura. Tudo o que aconteceu antes deste estágio culmina em um teste de coroação para o Herói, já que o Lado Negro recebe uma última chance de triunfar sobre o Herói. Esta é a prova de fogo: se ele sobreviver, poderá viver tranquilo.

O retorno com o elixir é a volta triunfante ao lar. Finalmente, o Herói volta para casa. Mas ele volta uma pessoa diferente (de quando começou a aventura): cresceu e amadureceu como resultado da jornada que fez.

E retorna com o "Elixir", ou o prêmio ganho durante a jornada, seja um objeto, ou o conhecimento e o insight adquiridos.

Claro, é possível que uma história termine sem Elixir, mas então o Herói estaria condenado a repetir toda a aventura.

E não apenas na ordem padrão das cartas do Tarô. Mas, caso você as embaralhe, independentemente da ordem aleatória em que elas se apresentem, haverá sempre uma Jornada do Herói a ser contada. Pois, como eu disse anteriormente, o Tarô é o livro da vida, a jornada das nossas almas.

Preparei para você, leitor, um resumo da Jornada do Herói e os Arcanos Maiores no Tarô:

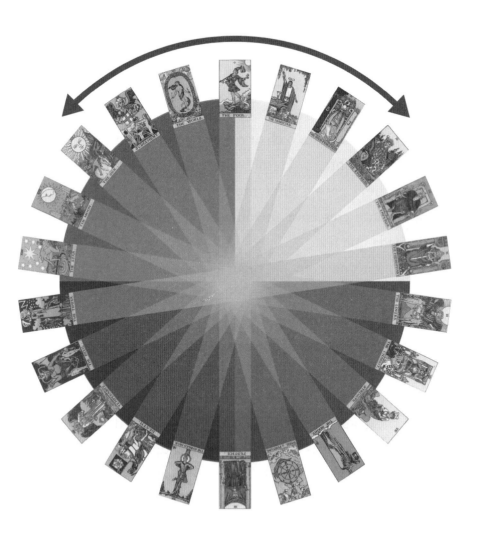

O Louco, em certos Tarôs, não possui numeração (é o zero), em outros ele é numerado como o 22º Arcano Maior. No primeiro Tarô feito exclusivamente para a adivinhação, o Tarô de Etteilla, ele possui a numeração 78. Já no Waite Smith, possui o número zero. Nas ilustrações da maioria dos baralhos de Tarô, podemos ver O Louco representado como um jovem que nada tem a perder, levando apenas uma vara com uma trouxa na ponta (um símbolo que remete ao peregrino, ao andarilho), um cajado e um cachorro que o acompanha e morde sua perna. No Tarô Waite Smith, ele está à beira de um precipício. Ele marca o momento anterior à Jornada, pois está em busca de uma aventura. Descobertas e despreocupações regem esse Arcano.

O Mago é aquele que dá início à Jornada, ele traz o que existe no plano das ideias para o mundo material. O mundo das ideias pode ser encarado como o plano abstrato, espiritual, dependendo da visão de cada um. E podemos ver, no Tarô Waite Smith, a ilustração de um Mago com a mão direita para cima e a esquerda para baixo, ilustrando a Lei Hermética da Correspondência: "O que está em cima é como o que está embaixo. O que está fora é o reflexo do que está dentro."

A Alta Sacerdotisa é aquela que possui o instinto primordial. A intuição que todo ser humano necessita para sobreviver. Lembrando que a intuição foi responsável pela sobrevivência do ser humano desde os primórdios, ela antecede a racionalidade. A Alta Sacerdotisa também possui a espiritualidade aliada à intuição. No Tarô de Waite, ela carrega consigo a Torá, o Livro das Leis.

A Imperatriz nos convida a apreciar a beleza do momento presente. Ela é a grande gestante do ciclo iniciado pelo Louco. Nutre o ciclo natural dos acontecimentos, a representação do belo em si.

O Imperador traz o momento em que o chamado precisa ser assumido, as responsabilidades têm de ser colocadas em prática. Todos os projetos que até agora estavam sendo gestados pela Imperatriz precisam nascer.

O Hierofante traz o conhecimento do sagrado, a sabedoria do momento presente. Como a situação deve ser compreendida em meio à aventura, ele também dá a orientação do caminho. Representa as religiões que orientam o homem em meio à vida.

O Enamorado representa as paixões, o apego. Dentro de uma jornada pode ser entendido como o momento da escolha de caminhos que dão início à dualidade. Aqui o aventureiro se questiona. Aqui a liberdade de escolha e o pensamento trazem os primeiros conflitos.

O Carro é o momento em que o Herói precisa desenvolver a autoconfiança. Ele não pode largar as rédeas da carruagem. Qualquer deslize poderá fazer com que ele perca a direção do caminho escolhido em busca do seu objetivo. Até agora o nosso Herói teve a sua personalidade e características estruturadas. Os acontecimentos foram moldados.

Os próximos Arcanos ditarão como os perigos devem ser enfrentados.

A Força — O Herói precisa dominar seus instintos primordiais, buscar força interior e autoconfiança. Se ele não acreditar em si mesmo, quem irá fazê-lo? (É o momento em que precisamos acreditar em nós mesmos.)

O Eremita é o Arcano que diz que tudo o que precisamos, todo o conhecimento, se encontra no nosso interior, ele só precisa ser despertado pelo nosso mestre interior.

A Roda da Fortuna — Aqui se encontra o ponto de virada, onde o Herói detém o controle da situação em que foi colocado à prova. Sua visão de mundo é expandida e ele cria uma nova visão sobre a situação. Caso ele não tome uma atitude sob uma nova perspectiva, poderá correr o risco de cair num ciclo repetitivo. (Aqui tudo muda na jornada, aquele momento em que temos de tomar cuidado para não cair nos mesmos ciclos eternos.)

A Justiça lembra que o Herói precisa ser justo. Precisa entender que o bem e o mal são uma manifestação humana. A ilusão do justo nasce da natureza do homem, assim como a lei da polaridade hermética: "Tudo é duplo, tudo tem dois polos, tudo tem o seu oposto. O igual e o desigual são a mesma coisa. Os extremos se tocam. Todas as verdades são meias-verdades. Todos os paradoxos podem ser reconciliados." O bem e o mal só existem na mente humana. Aproveito para iniciar aqui uma ideia de que não existem cartas boas ou ruins no Tarô, tudo é um mero reflexo de como enxergamos a vida. (Exemplo: o homem cria tudo à sua imagem e semelhança.)

O Dependurado — Aqui o Herói vai cair em seu primeiro umbral. Ele encontra o mal exterior que desperta as sombras no seu inconsciente. Ele tem que reconhecer o momento certo para agir, e para isso precisa aprender a enxergar o momento presente sob uma nova ótica. Só assim poderá sair desse limbo.

A Morte, no sentido metafórico, traz todas as transformações pelas quais o Herói precisava passar, mas das quais sempre fugiu; todo o seu ego e toda a sua vaidade relativa a tudo o que conquistou até agora precisam ser deixados de lado. Aqui temos o início do renascimento e das suas provações. Ele precisa encontrar a sua essência, e muitas vezes esse processo vem pela dor.

A Temperança — Agora chegou o momento da verdadeira alquimia da alma. O Herói precisa controlar suas indulgências, seus impulsos, e buscar um reequilíbrio. Trabalhar o seu chumbo interior e transformá-lo em ouro. Agora ele irá travar uma batalha com o seu inconsciente. A alquimia interior começa aqui.

O Diabo — O Herói terá que lidar com suas sombras, enfrentar suas tentações, enfrentar a si mesmo. (Esse é o momento em que Jesus vai ao deserto e enfrenta seu próprio demônio interior.)

A Torre — A Torre de onde o Herói poderia ter uma visão segura desaba. Tudo o que estava mal estruturado em seus planos acaba por ruir. É um momento de crise.

A Estrela — O Herói precisa se reestruturar. Surge a esperança da vitória, o momento da retomada, da restauração do futuro. O equilíbrio assimilado na carta da Justiça foi solidificado.

A Lua — Agora o Herói irá transpor seu inconsciente e seus medos, ele já conheceu o inferno e pode ir ao céu. Quando enfrentamos os nossos medos podemos ver de maneira clara o que há além.

O Sol — Representa o triunfo do Herói, a comunhão consigo mesmo. Aqui ele sente a plenitude e se conecta com a vontade do Eu Superior, mas ainda precisa sublimar o orgulho e a vaidade.

O Julgamento — O Herói deixa seus prejulgamentos de lado. E assim vence a si mesmo. Todas as sombras foram vencidas. O Juízo Final nada mais é que o começo de uma nova era na vida do aventureiro.

O Mundo é onde o Herói equilibra os quatro elementos que possui dentro de si. O touro, o elemento terra, o mundo material. O leão, o elemento fogo, o impulso de vida, o espírito. A águia (um outro símbolo do signo de Escorpião), o elemento água, as emoções. E o homem/anjo, o elemento ar, a racionalidade. Agora os elementos estão fundidos na Opus Alquímica. Um ciclo acaba e outro começa.

CAPÍTULO

SEIS

Arcanos Maiores

Este capítulo da representação das cartas do Tarô exigiu grande responsabilidade e reflexão. Optei por fazer uma interpretação livre, usando a abordagem de diversas escolas, e assim valorizar todas as visões num gesto espontâneo, trazendo a essência de cada carta: clássicas, astrológicas, cabalísticas, mitológicas... Usei também artifícios da *Jornada do Herói* de Joseph Campbell, ou das relações entre a psicologia de Jung e o Tarô tratado por Sallie Nichols.

Em cada carta dos Arcanos Maiores eu priorizei uma ou mais visões diferentes para explicar a sua essência para quem tem pressa. Os estudiosos do Tarô não se sentirão órfãos segundo sua visão, e os neófitos serão inspirados a buscar mais informações de acordo com aquele olhar que mais o tocou.

A única padronização que mantive em cada Arcano Maior foram as referências astrológicas ligadas a uma visão moderna das cartas e as analogias cabalísticas da Golden Dawn.

Nas analogias das cartas com o alfabeto hebraico, coloquei a visão de Papus e de Waite.

Decidi usar como ilustração padrão dos Arcanos Maiores o Tarô Rider Waite por ser este o mais popular em todo o mundo, mas não mantive a inversão das cartas proposta por ele na sequência de cartas, e assim pude trabalhar com a ordem clássica na explicação das cartas. No Arcano da Força explico a inversão proposta por Waite.

Nos Arcanos Menores, dada a tradição dos quatros naipes e das figuras da Corte com a cartomancia popular, optei por colocar palavras-chave adivinhatórias.

Chamo a sua atenção apenas para um fator, caso você esteja usando as definições das cartas deste livro como um guia de leitura: palavras-chave criam vícios de leitura. Pesquise, leia e desenvolva sua própria maneira de lidar com o Tarô, pois a interpretação é uma visão pessoal do mundo interior do artista.

Agora você tem em mãos um guia rápido e universal.

O Louco

O Louco, como conhecemos em Tarôs contemporâneos, caminhando sozinho em direção ao precipício, carregando uma trouxa e com um cão aos seus pés, só irá aparecer ilustrado assim a partir do Tarô de Marselha. Nos primeiros Tarôs, ele era representado por um bufão. Bufões eram atores, profissão marginalizada na Idade Média, que faziam o papel de bobos da corte. Pelo lado grotesco e papel insensato que eles representavam, o termo bufão também era utilizado de forma pejorativa para pessoas consideradas feias ou com alguma deformidade. Dessa maneira, a carta tinha um significado negativo até ganhar novas analogias ao longo do tempo.

O Louco é o ponto de partida. Caminha entre as cartas. Para alguns autores é a carta sem número; para outros, a carta zero (antes do Mago) ou a número 22 (após O Mundo).

Há quem alimente a ideia de ele ser o curinga, o único remanescente dos Arcanos Maiores no baralho comum. O Tarô conta uma história num ciclo de 22 cartas, e O Louco atravessa essa jornada vivenciando a experiência de cada Arcano.

Muitas vezes é preciso ter um pouco de imaturidade, inocência, espírito aventureiro, coragem para correr riscos e otimismo. Em outras situações, esta carta pode nos dizer que é preciso ter mais responsabilidade e coerência. Esse Arcano nos lembra que a vida é um risco. Viver é uma sucessão de fatos inesperados; cabe a nós escolher como lidar com o que cada experiência nos aguarda à frente em cada Arcano Maior. E a cada viagem entre outras cartas, O Louco adquire um novo olhar.

Você sente necessidade de uma nova jornada ou a liberdade tira você do ninho de conforto? Desprendimento é a palavra que fica.

Afinidade zodiacal: Urano
Alfabeto hebraico:
    Waite — Aleph
    Papus — Shin
Cabala: Kether — Chokhma

CAPÍTULO SEIS: ARCANOS MAIORES

O Mago

Nos primeiros Tarôs, O Mago era o prestidigitador (*Le Bateleur*, em francês), o ilusionista, o mágico de palco, aquele que possui a criatividade e a agilidade mental. Em sua origem histórica, esta carta fala daquele que cria ilusões e engana as pessoas, daí o significado clássico do Mago ser a capacidade de convencimento. Ela vai adquirir outro sentido quando for absorvida ao longo da História por ordens iniciáticas.

O Mago, no Rider Waite, tem uma das mãos para cima e a outra para baixo, uma possível alusão à segunda lei hermética, o princípio da correspondência.

A afinidade zodiacal com Mercúrio não poderia ser mais certeira: Mercúrio, o plano mental. Hermes, na mitologia grega, a ponte entre o homem e o divino.

O Mago é a capacidade de trazer o que está no plano das ideias para o mundo material, como a teoria das ideias de Platão, que diz que tudo que existe na realidade material habita no mundo sensível, uma boa analogia à metafísica do Mago.

Este Arcano possui a força de vontade, mas ele também pode ser um ilusionista, um embusteiro, a falta de iniciativa e de determinação.

Afinidade zodiacal: Mercúrio
Alfabeto hebraico:
   Waite — Beth
   Papus — Aleph
Cabala: Kether — Binah

A ALTA SACERDOTISA

Tendo como sua origem o nome de Papisa, este Arcano possui uma associação histórica com o mito da Papisa Joana, que teria comandado a Igreja Católica entre 856 e 858 e se passava por homem, o Papa João. Durante uma procissão, ela se sentiu mal e deu à luz uma criança em público. Teria sido, então, aprisionada e executada. Daí talvez venha a associação da carta com o significado de segredo revelado. Este Arcano representa o oculto, os mistérios, o poder mágico do feminino, as respostas às questões interiores.

CAPÍTULO SEIS: ARCANOS MAIORES

A Alta Sacerdotisa é o arquétipo da Grande Mãe, a Lua astrológica, o primeiro contato com as emoções e o inconsciente no Tarô. Este Arcano é a fecundação, quando o plano mental e racional do Mago encontra as emoções da Sacerdotisa, que serão gestadas pela Imperatriz. A Alta Sacerdotisa representa uma habilidade inata a todos os seres: a intuição.

"*Permitindo que sua voz interior se manifeste, você encontrará as respostas que procura*", diz ela.

Essa carta, assim como O Eremita, pede o silêncio, a serenidade e uma religação com a voz ancestral.

Afinidade zodiacal: Lua
Alfabeto hebraico:
    Waite — Guimel
    Papus — Beth
Cabala: Kether — Tiphareth

A Alta Sacerdotisa representa todos os cartomantes e oraculistas.

Curiosamente, também poderia ser a representação da quarta Virtude cardeal: a Prudência. É representada em algumas obras como uma mulher que segura/lê um livro sentada.

A Imperatriz

Uma curiosidade histórica: a Imperatriz é a esposa do Imperador, representada grávida, como o fatídico destino de mulheres nobres que passavam a vida dando à luz um possível sucessor. A Imperatriz que aparece no primeiro Tarô Visconti talvez seja Bianca Maria Visconti.

A Imperatriz gesta e nutre o sonho, a criatividade. Ela é como Vênus ou Afrodite, a deusa da beleza e do amor, a arte em seu estado puro. Enquanto A Alta Sacerdotisa lida com questões interiores, A Imperatriz lida com as relações exteriores e interpessoais com sabedoria, compreensão e diplomacia.

Em alguns Tarôs, representada grávida, ela é a concepção das ideias e emoções na matéria que será construída com a participação do Imperador. Como papel maternal, a carta pede que coloquemos em prática nossas ideias, parindo o que precisa nascer. E cuidemos disso com afinco.

A concepção, o encontro do espermatozoide com o óvulo, a gestação, no sentido do belo, de tudo o que precisa ser aceito e liberto. Todos os projetos de vida são representados pela Imperatriz.

Este Arcano pergunta quanto amor, criatividade e verdadeiro altruísmo você está colocando em suas atitudes.

A Imperatriz é a realização dos nossos desejos, a colheita da Mãe Natureza, a satisfação e a produtividade.

Afinidade zodiacal: Vênus
Alfabeto hebraico:
   Waite — Daleth
   Papus — Guimel
Cabala: Binah — Chokhma

O Imperador

Uma curiosidade: há séculos, a águia é associada a Zeus, ao poder. A águia é a rainha das aves. O escudo com a águia aparece nos primeiros Tarôs; foi também mantida pelos mestres fabricantes dos Tarôs de Marselha como uma alusão ao Sacro Império Romano--Germânico.

O Imperador é a ordem, a autoridade, a responsabilidade, aquele que constrói e aquele que destrói. No Tarô Rider Waite, O Imperador tem um deserto ilustrado ao fundo, pois ele possui a capacidade pioneira de criar a partir do nada e também de transformar, com o seu espírito guerreiro, tudo num deserto após a destruição.

Ele representa tudo aquilo que é criado no mundo material, a firmeza, o poder, o rigor e o espírito da vontade. A Imperatriz gesta para O Imperador dar à luz. O Imperador não só idealiza o Reino, mas também o constrói.

O Imperador representa a liderança e suas inúmeras possibilidades. Por outro lado, também pode significar a tirania, o controle, o domínio e a violência.

Este Arcano possui as quatro faces do Rei, as características de todos os Reis dos quatro naipes.

Historicamente, O Imperador representa a autoridade e o poder.

Afinidade zodiacal: Áries
Alfabeto hebraico:
   Waite — Heh
   Papus — Daleth
Cabala: Chokhma — Tiphareth

O HIEROFANTE

Você sabia que todos os papas eram barbados até o século 16? Originalmente chamada O Papa, esta carta representa um papa do século 15 por fazer uso de barba, como pode ser visto no Tarô de Marselha.

Encontramos em diferentes Tarôs as denominações O Hierofante, O Sumo Sacerdote ou O Papa. Papa, o *Pontifex Maximus*, o supremo construtor de pontes. A ponte entre o material e o espiritual.

Este Arcano representa os conceitos éticos e morais, as estruturas e instituições religiosas (igrejas, templos...), os pilares, os mestres, os professores, os detentores da tradição e a própria tradição. A carta fala da busca do conhecimento e como esse conhecimento pode ser compartilhado com outras pessoas.

Como a ponte entre o mundo material e o espiritual, este Arcano nos diz que é preciso sair desse estágio onde nos encontramos, enxergar aquilo que está além do mundo físico e buscar respostas de cunho espiritual e filosófico, seja por meio de uma faculdade, uma escola de filosofia, uma doutrina, uma fraternidade, uma religião, um mestre ou até mesmo um médico ou terapeuta.

Este Arcano fala da necessidade da busca de um propósito em novos conhecimentos que irão trazer uma nova visão dessa jornada.

Este é o momento em que O Louco, na sua jornada, precisa adentrar a senda do conhecimento.

CAPÍTULO SEIS: ARCANOS MAIORES 131

Afinidade zodiacal: Touro
Alfabeto hebraico:
  Waite — Vau
  Papus — Heh
Cabala: Chokhma — Chesed

Os Enamorados

Originalmente, a carta se chamava O Enamorado.

No primeiro Tarô Visconti talvez a cena esteja representando o casamento entre Bianca Maria Visconti e Francesco Sforza, sob a proteção do planeta Vênus. Uma alegoria aos filhos de Vênus em *De Sphaera Mundi*.

O "Tratado da Esfera" é um termo que se refere a um tipo de literatura medieval relacionada ao estudo da esfera celeste e da astronomia. Esses tratados eram comuns na Idade Média.

O *Tratado da esfera* é a mais famosa e influente publicação sobre o assunto, escrita pelo matemático, monge católico e astrônomo João de Sacrobosco, no século 13. O tratado era usado como um manual de astronomia nas universidades da época. Com o surgimento do Tarô de Marselha, a carta adquiriu outros significados. Talvez tenha sido inspirada na *Parábola de Pródico*, contada por Xenófanes, que fala sobre o vício e a virtude.

A *Parábola de Pródico* é uma história que ilustra a importância da moderação e do autocontrole, e envolve três figuras: Hércules (Héracles), a Virtude e o Prazer. Nela, Hércules precisa escolher entre o vício (prazer) e a virtude, e opta por ficar com esta última, pois as escolhas possuem consequências a longo prazo.

A vida é feita de decisões e, consequentemente, de caminhos. O Enamorado é uma carta muito confundida com questões amorosas; contudo, representa muito mais que o amor. O ato de amar é feito de escolhas, assim como diversas outras questões em nossa vida.

O Tarô Rider Waite incorporou elementos do misticismo judaico-cristão e traz Adão e Eva no paraíso entre a Árvore da Vida e a Árvore do Conhecimento na decisão de comer o fruto proibido.

É a jornada do ser humano e do seu livre-arbítrio. A necessidade de escolhas entre dois caminhos se encontra presente em muitas alegorias cristãs.

O Arcano do Enamorado fala sobre a germinação de ideias e escolhas, carta do elemento ar como seu signo de afinidade zodiacal, Gêmeos. A divisão de caminhos dos Enamorados terá sua interpretação final no Arcano da Temperança.

Afinidade zodiacal: Gêmeos
Alfabeto hebraico:
    Waite — Zain
    Papus — Vau
Cabala: Binah — Tiphareth

O Carro

É curioso notar que, em alguns Tarôs italianos antigos, não é um homem que aparece em cima da carruagem, e sim uma mulher. Uma outra denominação dada a esta carta nos primeiros Tarôs era *Il Carro Trionfale* (O Carro Triunfal ou O Carro do Triunfo).

Na carta vemos um herói triunfante numa carruagem (ou biga). Esta carta poderia ser a natureza tríplice da alma descrita por Platão, um homem sendo guiado por dois cavalos. O condutor como a razão e os cavalos como a vontade e o desejo.

Após passarmos pelo Arcano do Enamorado, chegamos ao Carro. Toda escolha demanda um ato de coragem, confiança e controle. A pergunta que fica é: podemos ter controle sobre tudo em nossa vida?

Esta é uma carta de ação, de deslocamento após a escolha de um novo caminho, quando nos afastamos do nosso porto seguro em busca do desconhecido. É nesse momento que há a necessidade de tomar as rédeas da própria vida, como o condutor que segura as rédeas dos cavalos na carruagem. E para isso este Arcano pede autoconfiança.

Se você sai com a carruagem numa nova aventura você corre riscos, o que exige a compreensão de que somos responsáveis pelas decisões que tomamos. A partir dessa consciência é que podemos obter vitória e triunfo.

Para o tarólogo Paul Marteau, essa era a perigosa travessia do ser humano na matéria, que, a partir do controle de suas paixões, poderia atingir a espiritualidade.

Afinidade zodiacal: Câncer
Alfabeto hebraico:
  Waite — Cheth
  Papus — Zain
Cabala: Binah — Geburah

A JUSTIÇA

(Arcano 11 no Rider Waite, Arcano 8 na configuração clássica — ver explicação no Arcano A Força.)

As quatro virtudes de Platão são a sabedoria, a coragem, a temperança e a justiça. Para Platão, são a base fundamental para alcançar a excelência moral e a harmonia. Depois do século 6, elas foram assimiladas e adaptadas pela Igreja Católica como as quatro virtudes cardinais ou cardeais.

Quanto à simbologia, ao longo do tempo A Justiça — na arte/ilustração da carta — absorveu as características da deusa Têmis, da mitologia grega, com sua espada e sua balança. Essa divindade é a conselheira dos deuses do Olimpo e a mediadora imparcial.

A virtude da Justiça diz que A Justiça é uma constante de firme vontade de dar aos outros o que lhes é devido.

A Justiça é imparcial e racional. É uma análise criteriosa dos dois lados. Como carta do elemento Ar, ligado ao racional e ao pensamento, A Justiça vê ambos os lados com coerência. É a partilha inteligente, a análise fria e calculada de ambos os lados.

É a necessidade de agirmos sempre com equilíbrio, formalidade e bom senso. A Justiça está sentada entre dois pilares no Tarô Rider Waite, o da misericórdia e o do rigor, pois é a partir do equilíbrio entre os dois que há justiça.

Esta carta também fala de processos, documentos, acordos, contratos, instituições legais, pois representa as leis do homem.

Afinidade zodiacal: Libra
Alfabeto hebraico:
  Waite — Lamed
  Papus — Cheth
Cabala: Geburah — Tiphareth

O Eremita

Chamada originalmente de O Corcunda (*Il Gobbo*) e depois O Velho (*Il Vecchio*), esta carta remonta a um sábio idoso. Historicamente, nos primeiros Tarôs, o velho sábio carrega uma ampulheta, alusão ao deus Saturno, o velho Senhor do Tempo. Essa carta se transformou em O Eremita (*L'Hermite*) com o advento dos Tarôs franceses.

O lampião do Eremita, que surgiu nos baralhos franceses, seria uma referência ao filósofo grego do século 4 a.C. Diógenes de Sinope, que andava com seu lampião gritando em busca de um homem que pudesse ser chamado de homem.

O Eremita é um estado de mutação da sabedoria. Momento em que todo conhecimento absorvido deve ser doado em prol de um bem maior. É o guia espiritual interior, o momento de reflexão e análise que leva o ser humano ao crescimento pessoal, e esse processo deve ser feito na solitude. O Eremita se isola do mundo e assim retorna para si mesmo. O cajado auxilia na sua jornada, como um extensor da percepção que faz com que ele evite obstáculos, e o lampião em sua mão é a luz que ilumina a consciência.

A analogia zodiacal desta carta é o signo de Virgem, que fala justamente de conhecimento, sabedoria, trabalho altruísta e análise.

Ele é o arquétipo do velho sábio, o mestre universal.

O nove é o número do amor universal, do início de um novo ciclo e do iniciado. O zero representa o infinito e o nove, a imensidão, pois todos os outros números a partir do nove serão combinações de números de zero a nove.

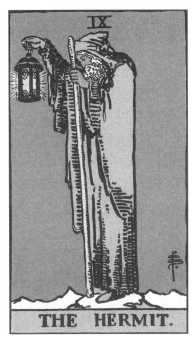

Afinidade zodiacal: Virgem
Alfabeto hebraico:
  Waite — Yod
  Papus — Teth
Cabala: Chesed — Tiphareth

A Roda da Fortuna
Sua iconografia mostra uma grande roda giratória com figuras humanas em diferentes posições, representando o ciclo de ascensão e queda, sorte e azar, picos e vales, enfim, os altos e baixos da vida.

A origem histórica da Roda da Fortuna no Tarô remonta à tradição medieval e renascentista. Quando o Tarô começou a se desenvolver como um sistema simbólico e oracular, a imagem da roda era comum em várias culturas e tradições filosóficas, e seu significado como símbolo de mudança e destino foi incorporado ao simbolismo do Tarô.

As Moiras, na mitologia grega, também teriam inspirado a criação desta carta. Elas são três irmãs, conhecidas como Cloto, Láquesis e Átropos. São consideradas as tecelãs do destino, responsáveis por determinar o curso da vida dos seres humanos. A Roda da Fortuna é a manifestação dos ciclos da existência. Na natureza tudo se transforma, tudo está em constante movimento, assim como diz a lei do ritmo no *Caibalion*: "Tudo tem fluxo e refluxo, tudo tem suas marés, tudo sobe e desce, o ritmo é a compensação."

Podemos dizer que o princípio se manifesta por meio da criação e da destruição. Os opostos estão em movimentos circulares.

Esta carta também possui afinidade zodiacal com Júpiter, o grande benfeitor, aquele que traz sorte e boa fortuna. E o planeta da expansividade se encaixa perfeitamente com a Roda da Fortuna. Júpiter simboliza o crescimento filosófico, espiritual e o que diz respeito aos ideais de vida.

Ele representa o processo de expansão, de poder viver novas experiências que irão ampliar o seu leque de sabedoria e conhecimento.

CAPÍTULO SEIS: ARCANOS MAIORES 141

Afinidade zodiacal: Júpiter
Alfabeto hebraico:
   Waite — Kaph
   Papus — Yod
Cabala: Chesed — Netzach

A Força

(Arcano 8 no Rider Waite, Arcano 11 na configuração clássica.)

Historicamente, a clássica ilustração da Força nos Tarôs seria uma alusão aos mitos dos heróis detentores de força física. Tomamos como exemplo Sansão, na mitologia bíblica, ou Hércules, na greco-romana: ambos vencem um leão com as mãos.

Todos nós temos um leão vivendo dentro de nós. A Força fala sobre o autocontrole e o controle dos nossos instintos.

A expressão popular já diz: *Vencer um leão por dia*, que significa superar todos os obstáculos, perseverar e não desistir. A Força é uma das quatro virtudes cardeais. A virtude da fortaleza (ou da força) orienta que devemos ter firmeza nas dificuldades e constância na procura do bem.

Esta carta diz para sermos ponderados, observar a situação e não agir por impulso. Ser persistente na busca dos ideais. Se você não acreditar em si mesmo, quem acreditará? Confie e controle seus instintos.

A Força também fala sobre canalizar a libido para uso criativo, para a coragem, para a construção de uma linha evolutiva.

Waite optou por mudar a numeração desta carta com a carta da Justiça. A Justiça, na visão dele, teria relação com o signo de Libra, e A Força, com o signo de Leão. Sendo assim, A Força (Leão) foi colocada entre O Carro (Câncer) e O Eremita (Virgem). Essa é uma dúvida frequente que surge quando se estuda o Tarô, pois começamos a nos perguntar o motivo da inversão no baralho de Tarô mais popular do mundo. Mistério solucionado?

Afinidade zodiacal: Leão
Alfabeto hebraico:
  Waite — Teth
  Papus — Kaph
Cabala: Binah — Tiphareth

O DEPENDURADO

Na Idade Média, uma punição dada aos traidores era ser pendurado pela perna em público. O nome original desta carta nos primeiros Tarôs italianos era *Il Tradittore* (O Traidor). Ao longo da História, ela também teve o nome de uma virtude cardeal, a prudência. A denominação *Le Pendu* (O pendurado) surgiu por volta do século 19.

No meio da Jornada dos Arcanos, O Dependurado é o momento do grande sacrifício. A iniciação a partir do amadurecimento de todas as experiências que vêm sendo acumuladas. Um renascimento.

Muitos enxergam o Arcano do Dependurado como a carta do sacro-ofício, do autossacrifício e do martírio. Outros enxergam este Arcano como um momento estático de tentação em meio ao caminho na busca pela iluminação ou na simples e ao mesmo tempo complexa aventura da vida. Muitas vezes ficamos presos a uma situação, e esse tipo de situação nos traz a necessidade de enxergar a vida por um outro prisma.

Afinidade zodiacal: Netuno
Alfabeto hebraico:
    Waite — Mem
    Papus — Lamed
Cabala: Geburah — Hod

A Morte

Apesar desta carta não representar a morte física em interpretações modernas, não era assim que se pensava durante o surgimento do Tarô, mas suas origens históricas também não ajudavam. Esta carta talvez seja inspirada na lenda dos Três Mortos e Três Vivos, uma história medieval na qual três cavaleiros encontram três cadáveres decompostos que emergem de suas sepulturas. Os cadáveres alertam os vivos sobre a brevidade da vida e a necessidade de arrependimento e reflexão antes da morte. A lenda serve como um lembrete da transitoriedade da vida e da importância de viver de acordo com princípios morais.

Outro tema artístico da Idade Média é a Dança Macabra, que retrata a morte dançando com pessoas de diferentes classes sociais, simbolizando a igualdade perante a morte. Essa representação visual lembrava a todos sobre a brevidade da vida e a necessidade de se preparar para a morte. A Dança Macabra enfatizava que a morte não fazia distinção entre ricos e pobres, mostrando a transitoriedade da existência humana.

Este Arcano vem anunciar o final de um ciclo e o início de um novo. Aprender a aceitar as mudanças e não nadar contra a corrente em situações que necessitam de um fim. Todo futuro precisa da dissolução do presente.

A afinidade zodiacal desta carta fala sobre Escorpião, a nossa capacidade de adaptação e transformação perante as circunstâncias.

Quem nunca morreu e renasceu em diversas situações durante a vida? São os verdadeiros ritos iniciáticos de que a beleza do viver nos resguarda. Vivemos por conta da espera da morte, fazemos todos os nossos planos com a única certeza que temos na vida, a desconhecida passagem. Morremos um pouco, a cada dia, e amanhã o ontem será apenas um sonho.

Afinidade zodiacal: Escorpião
Alfabeto hebraico:
   Waite — Num
   Papus — Mem
Cabala: Tiphareth — Netzach

CAPÍTULO SEIS: ARCANOS MAIORES

A Temperança

Aqui a divisão de caminhos do Enamorado reencontra sua essência na harmonização dos conflitos.

Historicamente, a Temperança é uma das quatro virtudes cardeais, e nesse sentido ela fala sobre o controle das nossas autoindulgências, dos prazeres e excessos que nos tiram do nosso centro de equilíbrio. A Temperança é a arte de ser comedido e ponderado.

Um fato curioso é que a imagem do anjo da Temperança vertendo água de um vaso para outro pode ter se originado na passagem bíblica das Bodas de Caná, quando Jesus transformou água em vinho, ou amenizou o efeito tóxico do álcool misturando água com vinho. Essa iconografia de um anjo vertendo água entre dois vasos era muito comum na Idade Média, representando o anjo da Temperança. O anjo é a fusão do espiritual e do material. A energia resultante da união de opostos. Os líquidos sendo misturados é o símbolo da resolução das contradições interiores a partir do fluxo de energias antagônicas, o casamento alquímico.

Esta carta não representa o resultado das ações, tampouco o avanço de processos. Como o título do Arcano diz: A Temperança, que representa a harmonização. É a necessidade da busca do equilíbrio entre os opostos, para que sejamos um instrumento de conciliação dentro e fora de nós.

Afinidade zodiacal: Sagitário
Alfabeto hebraico:
    Waite — Sameck
    Papus — Nun
Cabala: Tiphareth — Yesod

O Diabo

A figura do Diabo em sua forma antropomórfica, como a conhecemos, surgiu a partir da influência das religiões pagãs que eram combatidas pelos católicos. A Igreja já tinha seu inimigo, faltava apenas caracterizá-lo. E antes de ser representado como um ser animalesco, ele chegou a ser uma serpente e até mesmo um dragão. E nada melhor que usar a roupagem das divindades das práticas pagãs que ela desejava combater. O Diabo é o deus cornífero da mitologia pagã, que está conectado aos ritos de fertilidade, que foi banido pela Igreja, a qual temia o poder dos cultos pagãos.

Na Bíblia, não aparece a palavra Diabo. Sua figura surgiu e evoluiu com o catolicismo. Por exemplo: a serpente que aparece no Antigo Testamento e tenta Eva, nas culturas do Oriente Médio, que influenciaram a judaica, é símbolo de astúcia e sabedoria. Com o tempo, a serpente foi tachada de Diabo, assim como outros personagens do Antigo Testamento.

E no Tarô? Vou tentar trazer uma visão que concilie a opinião de diversos autores.

Quando O Diabo surge numa leitura, ele vem nos alertar que precisamos reavaliar nossa relação com o mundo material que nos mantém acorrentados.

O Diabo nada mais é que o mau uso do nosso livre-arbítrio. E esse é o momento em que a pessoa deve refletir sobre onde está sendo egoísta, onde seu temperamento não está em equilíbrio, quais atitudes estão fazendo mal não só a ela, mas ao próximo, e onde sua visão de mundo está limitada ao material.

Por outro lado, tomemos com exemplo O Diabo numa pergunta de negócios, que pode representar bons frutos. Ou até mesmo, em algumas exceções, dizer que a pessoa precisa pensar mais um pouco em si.

Como qualquer outro Arcano do Tarô, O Diabo possui suas polaridades.

Ele é também sinônimo de sabedoria, astúcia, influência e poder. O Diabo nada mais é que o contato do homem com a sua natureza terrestre.

Afinidade zodiacal:
Capricórnio
Alfabeto hebraico:
Waite — Ayin
Papus — Sameck
Cabala: Tiphareth — Hod

A Torre

Originalmente *La Casa Del Diavolo* (A Casa do Diabo), *La Casa di Plutone* (A casa de Plutão), *La Maison-Dieu* (O Hospital), esta carta nasceu como uma referência ao mundo subterrâneo, a morada dos mortos, uma punição dos céus, literalmente, o inferno.

Esta carta também seria uma referência à Torre de Babel (Gênesis 9, 1-9), frequentemente interpretada como uma lição acerca da soberba humana e da necessidade de humildade diante do divino.

A Torre é uma carta temida no Tarô e mal compreendida.

Em interpretações modernas, fala da libertação das ilusões. No Tarô de Thoth, de autoria de Aleister Crowley e Frieda Harris, ela é representada por um orgasmo cosmológico, a libertação das prisões e o momento em que tomamos uma nova consciência. É a ruptura violenta.

Para Jodorowsky, ela representa a iluminação, o transbordamento, o alívio espiritual. A Torre é o nosso corpo que expele os personagens que representam a consciência do mundo.

Na cartomancia clássica, a carta representa uma catástrofe, a consequência de nossas ações impulsivas; não à toa ela é associada ao deus Marte e também ao planeta Marte (na astrologia), e simboliza a ruptura, a ação, a ira, o erro e a crise.

Por fim, todos os autores concordam que esta carta fala da libertação de uma situação que estava mal estruturada e por isso essa torre colapsou.

Afinidade zodiacal: Marte
Alfabeto hebraico:
    Waite — Phe
    Papus — Ayin
Cabala: Geburah — Yesod

A Estrela

Talvez a iconografia desta carta remeta a representações antigas do signo de Aquário, representado em diversas obras de arte como um homem ou uma mulher, ambos nus, vertendo água de um cântaro num rio.

Muitos povos veem a estrela como um sinal milagroso. Por exemplo: quantas vezes você já olhou para uma estrela no céu e fez um pedido?

A Estrela não traz respostas, embora simbolize um recomeço e abra um portal de novas oportunidades.

CAPÍTULO SEIS: ARCANOS MAIORES 153

O que poderia ser mais astrológico do que os brilhos no céu noturno? Foram eles que ajudaram a moldar a base de todo o sistema astrológico e o primeiro entendimento sobre a base da psique humana.

A afinidade zodiacal da Estrela fica a cargo do signo de Aquário, o signo do novo, da liberdade de pensamento e dos ideais coletivos. Pessoas sob a influência de Aquário são ligadas ao futuro.

Afinidade zodiacal: Aquário
Alfabeto hebraico:
　Waite — Tzaddi
　Papus — Phe
Cabala: Netzach — Malkuth

A LUA

A lua, ao longo da História, sempre teve um significado profundo em várias culturas ao ser associada a magia, intuição, mistério e emoções. Também era vista como um astro capaz de influenciar não só as marés, como também os animais, os homens e os seres sobrenaturais. E dessa maneira era associada à loucura, a algo não confiável.

A Lua é o Arcano que fala sobre o contato com o nosso inconsciente e com os nossos sentimentos. A lagosta, que durante muito tempo representou o signo de Câncer, anda para trás (assim como o movimento aparente da lua visto da Terra, que cresce e míngua), mergulha nas águas (elemento água, emoções) e resolve seus conflitos interiores, quando então volta à superfície e enfrenta seus medos representados pelos cães. Um medo racional, o cão, e outro irracional, o lobo. E assim segue seu caminho e passa pelas torres agora reconstruídas. Aqui existe novamente uma chance de sedimentação das estruturas.

Essa é uma livre interpretação que uso com meus alunos sobre a carta da Lua, embasada na simbologia. A lagosta representava o signo de Câncer, que é regido pela lua, a afinidade zodiacal desta carta.

Vários elementos simbólicos nesta carta estão associados à lua astrológica e mitológica.

Os cães, historicamente, poderiam ser uma analogia à deusa da lua, Hécate, que teria a capacidade de se transformar em um cão.

A carta da Lua fala sobre o mundo subterrâneo, ou seja, o mundo interior, aquilo que não conhecemos totalmente e assim não confiamos. Com seus cães infernais, suas criaturas marinhas que andam para trás, a água que espelha a nossa imagem, o mundo reverso. O lunático como aquele que perde o controle de si mesmo.

Afinidade zodiacal: Lua
Alfabeto hebraico:
    Waite — Qoph
    Papus — Tzaddi
Cabala: Netzach — Malkuth

O Sol

A carta do Sol no Tarô, em sua iconografia histórica, remete a uma antiga referência astronômica e astrológica que associa o sol ao deus Apolo, o qual é frequentemente associado aos gêmeos Castor e Pólux. Além disso, dois jovens estão presentes na cena, representando a inocência e a alegria infantis.

A conexão entre Apolo e os gêmeos tem origem na história de Castor e Pólux. Segundo a lenda, eles eram irmãos inseparáveis e guerreiros habilidosos. Quando Castor foi mortalmente ferido em uma batalha, Pólux, como um semideus, fez um pedido a Zeus para compartilhar sua imortalidade com o irmão. Zeus atendeu ao pedido e transformou ambos em uma constelação, conhecida como Gêmeos.

Essa associação entre Apolo e os gêmeos é significativa, pois Apolo representa o sol, enquanto Castor e Pólux representam a dualidade e a conexão entre o divino e o humano. Essa relação é frequentemente representada em diferentes formas de arte, incluindo a iconografia histórica da carta do Sol no Tarô, em que a presença dos gêmeos evoca essa conexão simbólica e mitológica.

As crianças personificam a renovação constante e a vitalidade que o sol traz à vida. Flores e plantas em plena floração adornam a paisagem, simbolizando o crescimento, a abundância e a beleza. A carta do Sol nos convida a abraçar o otimismo, a clareza e a vitalidade que emanam dessa energia cósmica. Ela nos lembra de nos conectarmos com nossa essência autêntica, permitindo que a luz divina brilhe intensamente em nosso caminho, guiando-nos para uma expressão radiante do nosso verdadeiro eu.

No Tarô Rider Waite, a criança que monta o cavalo está com os pés muito longe do chão, simbologia que representa o ofuscamento em meio ao deslumbramento com a vitória, o excesso de amor-próprio e de vaidade.

Afinidade zodiacal: Sol
Alfabeto hebraico:
    Waite — Resh
    Papus — Qoph
Cabala: Hod — Malkuth

O Tarô nos lembra que não existe uma carta boa ou ruim, toda e qualquer reflexão com os Arcanos possui duas polaridades.

O Julgamento

O Julgamento é o momento da provação, da libertação, quando você vence a si mesmo deixando de lado condicionamentos e prejulgamentos. E só assim o Herói, dentro da jornada, atinge um outro nível de consciência.

O Julgamento já se chamou *Lo Angelo* (O Anjo). Em sua iconografia clássica encontramos a representação do Juízo Final bíblico. Para Papus, um dos maiores ocultistas da História, esta carta representa o renascimento final, quando reconhecemos nosso lado sombrio e o deixamos de lado.

O Julgamento fala sobre um momento de transição, mas, ao contrário da Morte ou da Torre, não é uma mudança repentina, nem por intermédio da sorte, da intuição ou da fatalidade, mas uma mudança que brota da razão. O Julgamento representa o renascimento que ocorre quando há uma mudança profunda de consciência.

CAPÍTULO SEIS: ARCANOS MAIORES   159

Afinidade zodiacal: Plutão
Alfabeto hebraico:
   Waite — Shin
   Papus — Resh
Cabala: Hod — Malkuth

O MUNDO

Historicamente esta carta contém um aspecto de divindade, como Cristo representado ao longo da História em sua glória triunfal, cercado de quatro animais, quatro evangelistas. Também encontramos outras divindades, como Maria, representada de tal maneira.

Em interpretações modernas, a figura feminina no centro da carta, envolta por uma guirlanda, se chamaria *Sophia*. Sophia é uma figura feminina, análoga à alma humana e simultaneamente um dos aspectos femininos de Deus.

Significa, literalmente, aquela que detém a "sabedoria", que tem origem no grego, *sofós* (σοφός). É um conceito presente tanto na religião como na filosofia helenística, no platonismo, no gnosticismo, no cristianismo ortodoxo, no cristianismo esotérico e no cristianismo místico.

Aqui termina a nossa jornada pelos Arcanos Maiores, iniciada com O Louco. Mas nada termina, tudo recomeça. O Mundo representa o balanço, o equilíbrio, o restauro, a união das energias visíveis e invisíveis. O recomeço.

Quando surge numa leitura, o Arcano Mundo representa um equilíbrio estável, uma recompensa, a finalização de um projeto, um cenário muito favorável, o final de um ciclo e um novo ciclo que se inicia.

Muitas vezes este Arcano vem nos dizer que temos que encarar e aceitar o fato de que as forças do universo são mais complexas do que podemos compreender. E que o equilíbrio reside na compreensão de que não podemos ter tudo ao mesmo tempo.

CAPÍTULO SEIS: ARCANOS MAIORES

Afinidade zodiacal: Saturno
Alfabeto hebraico:
  Waite — Tau
  Papus — Shin
Cabala: Yesod — Malkuth

CAPÍTULO SETE

Arcanos Menores

Naipe de Paus

Ás de Paus (novos começos, domínio, originalidade, criatividade, aventura): representa a força criativa, o entusiasmo e a coragem. O significado do Ás de Paus em uma leitura de Tarô é uma energia construtiva e confiante, que trabalha em direção ao poder e à realização individual.

Dois de Paus (sentir que você possui todo o mundo para ser conquistado e ter a coragem de ser diferente, ir conquistar, dominar, ímpeto, questionamento): representa o poder pessoal, a ousadia e a originalidade. Significa coragem e grandeza individual, assim como poder pessoal trazido à Terra, planejamento e preparação.

Três de Paus (necessidade de coragem, virtude, planejamento, dogmatismo, jogar-se na jornada, na aventura, instinto, intuição): quando bem representado em uma leitura de Tarô, é hora de você ter uma visão a longo prazo das coisas.

Quatro de Paus (amor exuberante, festejo, ser livre das amarras da responsabilidade, realização): significa celebração, liberdade e emoção. É um Arcano ligado à prosperidade e a parcerias, e representa eventos que geram emoção. A emoção e a celebração podem ser inesperadas e surpreender.

Cinco de Paus (confrontação, conflito, frustração, sentir-se desafiado): significa brigas, disputas, desafios, desacordos, competição e aborrecimentos. Parece que nada está coordenado, todo mundo está trabalhando com propósitos diferentes, e a disputa vai ficar cada vez mais acirrada.

Seis de Paus (vitória, gostar de se mostrar e de ser o centro das atenções): representa o triunfo, o orgulho e momentos de vitória. Quando o Seis de Paus está bem posicionado em uma leitura de Tarô, isso indica que um objetivo está ao seu alcance. É hora de você receber o reconhecimento que há muito tempo busca. É quando você recebe todos os elogios, honras e recompensas que merece.

Sete de Paus (defender seus pontos de vista, ganhar vantagem, bravura, determinação, sentir-se perseguido, lutar contra inimigos invisíveis, defender algo por mero orgulho): significa desafio, defesa, agressão, convicção e bravura. Agressão e desafio são ambos representados pelo Sete de Paus como dois lados da mesma moeda.

Oito de Paus (rapidez, resposta, tomada de ações, escolha de prioridades, conexão): significa comunicação, viagens e velocidade. O Oito de Paus representa a ação rápida, conclusão e notícias. Quando o Oito de Paus está bem posicionado em uma leitura de Tarô, isto pode indicar que tudo está indo bem, desde que você aja rapidamente. É também uma indicação de que boas notícias estão a caminho. Fique alerta, pois as notícias talvez estejam disfarçadas. Também pode ser um sinal para declarar suas intenções, crenças e convicções, além de representar luta contra inimigos invisíveis criados pela sua mente.

Nove de Paus (martírio, persistência, defender-se, obstáculo a ser superado, mas já possuir a experiência para o mesmo, estar preparado para qualquer coisa, preocupações sobre o futuro, teimosia): significa defesa, perseverança, resiliência e resistência. Quando o Nove de Paus está bem posicionado em uma leitura de Tarô, pode ser um sinal para prosseguir com cautela, porque há uma real possibilidade de ser ferido, física ou mentalmente. A defesa é natural se você se machucou anteriormente, mas o truque é não ser amargo. É hora de ser mais vigilante.

Dez de Paus (opressão, exaustão, fardo a ser carregado): significa excesso de trabalho, encargos e luta. Quando o Dez de Paus está bem posicionado em uma leitura de Tarô, isso significa que você está se esforçando demais. É o momento de reduzir e aliviar sua carga e talvez até compartilhar algumas responsabilidades. É o momento também de parar de se concentrar estritamente em uma área e encontrar um equilíbrio na vida, incluindo outros interesses.

Pajem de Paus (energia infantil, entusiasmo, inexperiência, admiração, cheio de energia como uma criança): significa ser criativo, entusiasta, confiante e corajoso. O Pajem de Paus pode sugerir que toda a situação está imersa no espírito de emoção e aventura. Este Arcano também pode sugerir a presença de um adulto jovem com paixão de viver ou uma criança.

Cavaleiro de Paus (exibido, aquele que morre primeiro na aventura, audacioso, amante, impaciente e egocêntrico): ele é charmoso (superficial), autoconfiante (arrogante), ousado (imprudente), aventureiro (inquieto) e apaixonado (temperamental). Embora outros possam ficar perplexos com suas loucuras, sua coragem e paixão ainda são admiradas. O Cavaleiro de Paus tende a ser superficial, e não se pode esperar um profundo compromisso dele. É imprudente e irresponsável, e age sem pensar. Isso o coloca em apuros. Ele também transmite mensagens espirituais.

CAPÍTULO SETE: ARCANOS MENORES

Rainha de Paus (autoritária, impulsiva, bela, mulher carismática que sabe o que quer, possui magnetismo pessoal): significa ser atraente, sincero, alegre e seguro de si. Tem um jeito descontraído, e esse seu sorriso caloroso atrai muitos amigos e admiradores, lida com todas as tarefas, não importa como, com total dedicação, e sua energia e entusiasmo são contagiantes.

Rei de Paus (ter iniciativa/ferocidade, figura masculina influente em sua vida, sentir-se confiante): significa ser criativo, inspirador, enérgico, carismático e ousado. O Rei de Paus é forte ao perseguir seus objetivos, e outros o seguem. Ele cria resultados e tem a energia e a autoconfiança necessárias para assumir riscos. Acredita em si mesmo, tem a coragem indispensável, e muitas vezes evita rotas fáceis e seguras.

Naipe de Copas

Ás de Copas (novas emoções, novos romances, desejo por mais comprometimento, autoexpressão): representa sentimentos profundos, intuição, intimidade e amor. O Ás de Copas em uma leitura de Tarô diz que a consciência emocional entrou em sua vida. O amor é a essência deste Arcano, mas pode ou não ser um amor "romântico". Procure se conectar com outras pessoas. É o momento de perdoar ou pedir perdão, de deixar a raiva de lado, procurar a paz e deixar os sentimentos virem à tona.

Dois de Copas (atração, codependência, harmonia, paz, reconciliação): simboliza a beleza e o poder da atração. Existe um potencial de ligação sempre que duas forças são reunidas, sejam pessoas, grupos, ideias ou talentos. Esse é o significado mais profundo da carta. Este Arcano não é apenas um símbolo de harmonia nos relacionamentos românticos, mas também pode significar apreciação mútua em suas amizades e em outros tipos de relacionamento.

Três de Copas (celebração, conexão com pessoas, socialização): representa exuberância, amizade e senso de comunidade. Este Arcano representa emoções e experiências que fazem você sentir vontade de dançar, cantar e se alegrar. Ele diz que é hora de examinar seus apegos do ponto de vista emocional e também pode representar todos os tipos de suporte e auxílio, inclusive dar e receber ajuda.

Quatro de Copas (falta de confiança no próximo e em si mesmo, absorto nos próprios pensamentos, agir na defensiva, vitimização, saciedade, tédio): significa autoabsorção, apatia e imersão. O Quatro de Copas diz que é preciso parar de se concentrar tanto em si mesmo e começar a olhar para fora. A autorreflexão é excelente em situações de estresse, quando você se conecta com seu interior para refletir e restaurar seu equilíbrio emocional. Também pode ser um sinal de apatia. Se você sente que perdeu todo o interesse em atividades e sua vida parece estar ficando obsoleta, você precisa se concentrar nas coisas que o tirarão da rotina emocional.

Cinco de Copas (arrependimento, frustração com o passado, desejo de que as coisas sejam diferentes, perda e desapontamento): o significado tem relação com perdas tangíveis, como dinheiro, posses, relacionamentos e trabalho. Ou as perdas podem ser intangíveis, como sonhos, oportunidades, perspectivas ou reputação. Este Arcano pode também dizer que você já passou pelo sofrimento e está pronto para atravessar para o outro lado, cheio de aceitação e com uma nova capacidade para crescer.

Seis de Copas (encontrar alguém do passado, desejar ser criança novamente, nostalgia): significa boa vontade, carinho, inocência e infância. O Seis de Copas em uma leitura de Tarô é a pureza, ele incentiva a ser gentil, perdoar e ser generoso. Quaisquer pequenos gestos são importantes. Você pode estar pronto para lidar com os traumas da infância ou simplesmente deixar o passado ir e encontrar seu novo começo.

Sete de Copas (sentimentos ou pensamentos desordenados, altas expectativas, ilusões): significa que é hora de tomar uma decisão e ser realista, ter cuidado com as ilusões. Quando o Sete de Copas está bem posicionado em uma leitura de Tarô, significa que é hora de avaliar a ordem em sua vida. Se houver muita rigidez, talvez você precise relaxar. No entanto, se você já estiver numa situação caótica, poderá ser um aviso de que precisa assumir o controle da situação. Trata-se de encontrar esse equilíbrio entre ordem e desordem.

Oito de Copas (explorar uma nova perspectiva, perceber que você precisa seguir em frente, indolência): significa que a mudança pode ocorrer de inúmeras formas. Pode ser física, como uma mudança de emprego, de residência ou um novo relacionamento. Também pode se referir a mudanças internas, como substituir padrões antigos de pensamento por novos.

Nove de Copas (autoindulgência, satisfação sexual, egoísmo, egocentrismo, preocupação apenas consigo mesmo): significa realização de desejos, prazer sexual (o seu). O tom do Nove de Copas é a presunção, contar com os ovos antes da galinha! Você deve buscar o prazer, mas também deve levar em consideração as consequências. Aceite suas responsabilidades e desfrute da sua boa sorte. É possível que sua falta de autoestima e sentimentos ruins em relação a si próprio estejam impedindo que você alcance tudo o que sabe que pode.

Dez de Copas (promessa de paz e felicidade, saciedade, plenitude): representa a alegria, a paz e a família. É um sinal de que é tempo de bênçãos, hora da merecida realização e de que ela virá. Esta carta representa um ideal que está ao seu alcance.

Pajem de Copas (paixão, imaginação apaixonada, sensibilidade, intensidade, superficialidade): significa ser emotivo, intuitivo, intimista e amoroso. O Pajem de Copas em uma leitura de Tarô significa demonstrar sentimentos. É hora de abandonar o apego e deixar o coração liderar o caminho, sentir-se livre e expressar suas emoções.

Cavaleiro de Copas (amor irreal, ser emocionalmente resgatado, zelo, intolerância): significa ser romântico, sonhador e sensível. O Cavaleiro de Copas em uma leitura de Tarô pode ser algo um tanto sombrio e temperamental, mas também de grande beleza, tanto no que diz respeito à criação de coisas bonitas como à apreciação delas. É charme, carinho e grandes, grandes emoções.

Rainha de Copas (contentamento emocional, pena, empatia, compaixão): significa ser amoroso, terno, intuitivo, ter força mental e espiritual. É uma combinação da energia positiva da água do naipe de Copas e o foco interno de uma Rainha. Ela sempre tem uma natureza amorosa e sensível, nunca reage com impaciência ou raiva, e sempre possui uma palavra gentil para todos. Ela é compassiva e deixa seu coração liderar o caminho. A Rainha de Copas é aberta ao seu conhecimento interior e confia na sua intuição. Reverencia todos os aspectos da criação do divino, ama e abraça a todos, e é movida pelas tragédias e belezas da vida.

Rei de Copas (aceitar seus sentimentos, solidez emocional, tolerância): significa sabedoria, calma, diplomacia e carinho. É uma combinação da energia positiva da água do naipe de Copas e o foco externo de um Rei. Seu conhecimento vem do coração. Sábio e compreensivo, orienta a todos com amor. Em quaisquer situações, ele está calmo e relaxado, e sabe intuitivamente o que é necessário em qualquer que seja o momento. Sua personalidade exala tranquilidade, e todos se voltam para ele em busca de conselhos, enquanto ouve atentamente. Sob a orientação dele, todos os outros têm a liberdade de crescer e se desenvolver à sua maneira.

Naipe de Espadas

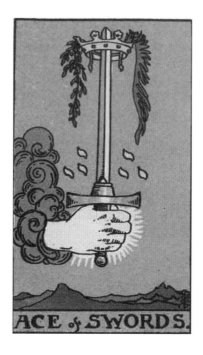

Ás de Espadas (objetividade, astúcia, enfrentar a mentira, análise): significa força mental, verdade, justiça, novas ideias, planos, vitória e fortaleza. Você pode experimentar uma súbita explosão de *insights* ou um momento de clareza para enfrentar seus desafios. Este Arcano é um lembrete de que você tem a força interior necessária para superar seus obstáculos por meios honestos e éticos.

CAPÍTULO SETE: ARCANOS MENORES

Dois de Espadas (impasse, cegueira perante a verdade, negacionismo, ignorar situações e pessoas): significa emoções bloqueadas, agir sem certeza, fazer uso de subterfúgios. É o equilíbrio das escolhas difíceis e da tomada de decisões. Talvez você não esteja disposto a aceitar algumas verdades sobre si mesmo ou sobre uma situação em que possa estar envolvido.

Três de Espadas (sentir-se machucado, pra baixo, ciúmes, amor não correspondido, excesso de auto-compaixão): significa desgosto, tristeza real ou uma tristeza exagerada. Também pode indicar a necessidade de perdoar e deixar as mágoas de lado.

Quatro de Espadas (trégua, procrastinação, meditação, reavaliação, repouso, contemplação): significa descanso e preparação silenciosa. A necessidade de uma trégua mental. É um desafio permanecer quieto. Existe uma arte em se retirar na hora certa. Quando o Quatro de Espadas está bem posicionado em uma leitura de Tarô, isso significa que você pode precisar desacelerar. É o momento de descansar um pouco. Este Arcano é um lembrete para pausar a vida e contemplar. É o momento também de refletir sobre as coisas e voltar à perspectiva correta.

Cinco de Espadas (irracionalidade, derrota, auto-afirmação, individualidade, ou vitória com gosto de derrota, desonra): significa interesse próprio, discórdia, hostilidade, agressão e desonra. A melhor frase para definir esta carta seria: A batalha do ego é uma vitória vazia.

Seis de Espadas (nova perspectiva, enxergar ou procurar novas oportunidades, mover-se para longe e fugir de problemas, deixar o passado para trás): representa atravessar um mar agitado para alcançar águas mais calmas. Quando o Seis de Espadas está bem posicionado em uma leitura de Tarô, isso pode significar que você deve estar em uma situação ruim agora, mas está indo em direção a algo melhor.

Sete de Espadas (comportamento manipulador, presunção, comportamento furtivo): significa fugir, estilo lobo solitário e desonra oculta. A carta indica egoísmo, observar de longe, separação. Você pode sentir que é mais eficaz quando age sozinho. O Sete de Espadas também pode significar fugir de compromissos ou de responsabilidades.

Oito de Espadas (preso numa situação, limites, restrições, fazer-se de vítima, estar preso na própria armadilha): significa que você pode estar numa situação em que não tem escolha, tampouco liberdade para agir. Também representa os momentos em que você se encontra perdido e confuso, sem chance de ajuda e alívio. Lembre-se de que essas amarras são mentais.

Nove de Espadas (preocupação, noites maldormidas, arrepender-se de escolhas e situações, estresse, muitos problemas em mente): representa a dor e a angústia que geramos dentro de nós mesmos. Significa, geralmente, o medo e a ansiedade. A preocupação é a tortura mais comum pela qual passamos. Muitas vezes, nossos medos e dúvidas nos dominam e se recusam a ir embora.

Dez de Espadas (fim de um martírio, finalização): significa que você atingiu o fundo do poço e agora pode esperar que as coisas mudem para melhor. O Dez de Espadas também aparece quando você sente que o mundo inteiro está contra você. Essa é a mentalidade da vítima (vitimismo), o complexo de perseguição (paranoia persecutória), a sensação de que todos desejam tornar sua vida o mais difícil possível. É quando você sente que tudo é irremediável e injustamente distribuído pelo destino.

Pajem de Espadas (pronto para agir, cheio de ideias, prático, pretensioso): significa ser verdadeiro e justo, usando sua mente e tendo coragem. Às vezes, o Pajem representa uma criança ou um adulto jovem de coração. O Pajem de Espadas é apenas um mensageiro que traz desafios, quando você é solicitado a aceitar as circunstâncias e situações difíceis. Estas precisam ser assumidas como provações e tribulações no seu caminho para testar sua coragem. Aceitar e prevalecer sobre esses desafios o tornará mais forte e mais resiliente.

Cavaleiro de Espadas (insensível, frio e calculista, estrategista, domina o jogo, fluidez e destreza mental): significa ser direto, autoritário, incisivo e lógico. Por um lado, o Cavaleiro de Espadas tem um intelecto aguçado, fala com clareza e autoridade e é um mestre da lógica. Por outro, pode ser insensível e convencido de sua própria superioridade. Este cavaleiro possui lucidez analítica, indiferença pelos sentimentos dos outros, e não tolera a estupidez.

Rainha de Espadas (inquisitiva, inteligente, crítica, perceptiva): representa honestidade, astúcia, sinceridade e experiência. A Rainha de Espadas admira a retidão, a integridade, está comprometida com

a verdade e não tem interesse em mentiras ou arti-
manhas. Suas observações são diretas e francas.

Rei de Espadas (assertivo, direto em suas ações,
sábio, intelectual, fechado em seu mundo): significa
ser cerebral, analítico, articulado, probo e ético. Esse
Rei é um intelectual, pode assimilar todos os tipos
de informação, lida com todas as situações de
maneira justa e honrosa, e toma decisões imparciais
e justas.

Naipe de Ouros

Ás de Ouros (realização, conquista, centrado no sucesso): significa força material, prosperidade, praticidade, confiança e segurança. O Ás de Ouros significa que uma semente de produtividade foi plantada, embora você ainda não esteja ciente disso. Esse é momento de apreciar sua existência material. Isso o ajudará a descobrir como tornar seus planos realidade.

CAPÍTULO SETE: ARCANOS MENORES 181

Dois de Ouros (lidar com muitas ideias e ações ao mesmo tempo, adaptar ferramentas para lidar com problemas): significa ter ou desenvolver flexibilidade para lidar com muitos caminhos simultâneos. É hora de aprender a controlar os altos e baixos de sua vida.

Três de Ouros (espírito de equipe e cooperação, realização): significa trabalho em equipe, planejamento e competência. Quando o Três de Ouros aparece em uma leitura de Tarô, significa que você será bem-sucedido se deixar que outros o ajudem a alcançar seus objetivos. De fato, se você trabalhar com uma equipe em direção a um objetivo comum poderá ter sucesso.

Quatro de Ouros (ser possessivo, materialista, poder, desejo de possuir tudo, ganhos): significa possessividade e apego. Você precisa ter cuidado com o nível de controle que está tentando exercer, pois isso pode levar a uma situação sufocante.

Cinco de Ouros (sentir-se deslocado, dor da perda ou separação, preocupação, crise, perda material): representa tempos difíceis, problemas e sentimento de rejeição. O significado desta carta em uma leitura de Tarô é geralmente negativo na visão de muitos autores. Mas há também um componente espiritual em tudo isso. Lembre-se de que todos os contratempos são temporários e o conforto pode estar próximo.

Seis de Ouros (equilíbrio entre energias opostas, balança, dois pesos e duas medidas, generosidade, esperar algo em troca, querer aprovação): o significado do Seis de Ouros em uma leitura está entre os extremos de ter e não ter. É a arte de equilibrar as energias materiais.

Sete de Ouros (reavaliação, refletir sobre a colheita, avaliar o resultado dos esforços): este Arcano, como todo sete, é uma carta intermediária que significa que você precisa dar um tempo e verificar sua estratégia. É hora de avaliar seu envolvimento com o mundo material e o que você obtém dele. É o momento de fazer um balanço da sua situação e garantir que você esteja obtendo os resultados desejados.

Oito de Ouros (poder de transformação, desenvolver novas habilidades, laboriosidade): significa diligência, conhecimento, trabalho duro, atenção aos detalhes e foco. Este Arcano também pode indicar que é hora de se concentrar em um objetivo pessoal.

CAPÍTULO SETE: ARCANOS MENORES

Nove de Ouros (disciplina, confiança em si mesmo): significa autodisciplina, autoconfiança e refinamento. Este Arcano diz que é hora de apreciar a beleza do todo. Lembre-se também de confiar em suas próprias habilidades. É o momento de resolver o assunto com as próprias mãos.

Dez de Ouros (abundância, extravagância, segurança material): significa estabilidade, manutenção de algo já estabelecido, quase sempre se refere a sucesso material.

Pajem de Ouros (mensageiro ligado a questões financeiras, conselheiro, notícias): significa ser prático, próspero, confiante e digno de confiança. Pare de sonhar acordado, encontre soluções sensatas e concentre-se em abordagens eficazes. Ser próspero também significa enriquecer a si mesmo. Momento de crescer e expandir.

Cavaleiro de Ouros (pragmatismo, resolução fria e centrada, fazer acontecer, afinco, emocionalmente distante): significa ser inabalável, cauteloso, estar sempre preparado para o que der e vier, realista e trabalhador. O Cavaleiro de Ouros é prudente e nunca se dispersa. Ele é inflexível e possui objetividade.

Rainha de Ouros (nutrir emocional e estruturalmente, consolo): representa carinho, coragem, desenvoltura e confiabilidade. O significado desta carta no Tarô é que, se algo precisa ser feito, ela está ali para ajudar a fazer isso acontecer. É calorosa e generosa, e tem enorme prazer em cuidar e nutrir. Sensata e prática, garante que todos estejam felizes e seguros. A Rainha de Ouros está sempre pronta para acalmar seus medos e aberta para ouvir todos os seus problemas.

Rei de Ouros (riqueza material e de espírito, aquisição, posse): significa ter espírito empreendedor, ousado, confiável, solidário, firme, conseguir o que quer que se proponha a fazer; de fato, tem o "toque de Midas". Ele persegue todos os seus objetivos com firmeza e determinação, empresta estabilidade a todas as situações e permanece firme até ser bem-sucedido.

CAPÍTULO

OITO

O Tarô — Sistemas e Utilizações

Como tratamos anteriormente, o Tarô não nasceu com um manual de utilização, não se sabe qual era o intuito do seu uso, as ideias do seu criador e quem foi ao certo o criador do primeiro baralho concebido como Tarô. Quem veio primeiro: o ovo ou a galinha? Criador e criatura se fundem. Esse é o dilema do Tarô.

Existem muitas perguntas a serem respondidas. Por que, em dado momento, conceberam a ideia de que o Tarô teria 78 cartas? Como e por qual motivo as cartas do Triunfo passaram a ser chamadas de Tarô?

No mundo do Tarô, não existe certo ou errado. Todas as interpretações, usos e convenções partiram da cabeça de inúmeros autores, cada um com suas diversas percepções ao longo da História. A beleza do Tarô está em ser esse grande emaranhado misterioso de significados que vem se transformando. Atualmente, se você deseja aprender Tarô, precisa antes escolher em qual escola de pensamento irá mergulhar, pois encontrará um mundo de informações e associações. O Tarô já deixou de ser Tarô há bastante tempo e criou uma linguagem plural muito maior que o criador das cartas do Triunfo, durante a Renascença, poderia imaginar.

Apresento aqui uma síntese dos diversos sistemas que foram somados ao longo do tempo às interpretações das cartas de Tarô.

Antes, porém, precisamos entender que existe o sistema de Tarô clássico, normalmente ligado ao uso do Tarô de Marselha, que se pauta na simbologia e nos significados clássicos cartomânticos.

Mas nem mesmo o Tarô de Marselha escapou ileso, e autores como Jodorowsky trazem, hoje em dia, uma visão mais pautada numa linguagem artística e poética, movimentada, no qual o movimento das cartas se funde com o seu simbolismo clássico, uma espécie de linguagem do intraduzível, a linguagem dos pássaros.

Como o Tarô se comunica por meio de uma linguagem simbólica, diversos sistemas modernos

CAPÍTULO OITO: O TARÔ — SISTEMAS E UTILIZAÇÕES

foram sendo criados e associam o Tarô à numerologia, cabala, alquimia, hermetismo, magia, I Ching, psicologia e outras diversas analogias que a criatividade humana permite.

Por consequência, os diversos baralhos de Tarô foram e continuam a ser criados com finalidades específicas de acordo com certos sistemas.

Um dos grandes expoentes contemporâneos nesse sentido é Robert M. Place, escritor, artista, historiador do Tarô e autor de dois clássicos modernos, *Alquimia e Tarô: uma investigação de suas conexões históricas* e *The Fool's Journey: the History, Art, & Symbolism of the Tarot*, cuja primeira edição foi em 1995 e que continua sendo publicado até hoje. Além disso, ele é criador de vários baralhos de Tarô e autor de diversas obras indispensáveis a qualquer estudante da arte. Sua contribuição é fundamental na história do Tarô.

O uso do Tarô varia desde a adivinhação, passando por terapias integrativas, usos mágicos, instrumento de autoconhecimento, práticas de desbloqueio da criatividade… até outros inúmeros usos que eu poderia citar aqui. Por fim, a única coisa certa é que o Tarô é um instrumento em constante evolução e ainda tem muito a ser explorado.

CAPÍTULO

NOVE

Métodos de Leitura

Métodos de leitura são convenções que foram criadas ao longo do tempo. Existem métodos clássicos, mas há sempre novos surgindo, pois qualquer um pode criar seu próprio método, assim como existem muitas variações feitas a partir de métodos consagrados. Irei focar aqui os três métodos mais populares.

Antes de utilizar qualquer um deles é importante formular uma boa pergunta. Cair na adivinhação é sempre um processo perigoso, afinal, uma afirmação malfeita acerca do seu futuro pode se transformar numa verdadeira maldição para os que tomam tudo como um destino predeterminado. Ao formular uma questão, evite perguntar o que vai acontecer ou se algo irá se realizar, pois qualquer que seja a resposta não irá ajudar em nada. Vamos supor que você

CAPÍTULO NOVE: MÉTODOS DE LEITURA

pergunte se irá passar num concurso público, a resposta seja sim e, em consequência, você deixa de estudar e não é aprovado.

Quando usei a palavra maldição, quis me referir ao seguinte fato: abraçar um destino pode ser a pior escolha, pois nada cai do céu e nada substitui a ação em qualquer situação. Por isso, pergunte: Como eu devo agir para alcançar determinado objetivo? Por qual caminho devo seguir? O que devo evitar nesse caminho? Como faço para parar de agir da maneira como venho agindo? Quais são meus potenciais escondidos?

Por fim, as perguntas devem ser sempre direcionadas à ação perante um objetivo, pois o Tarô fala sobre potencialidades que devem ser adotadas ou deixadas de lado.

Vamos aos métodos.

Método Péladan

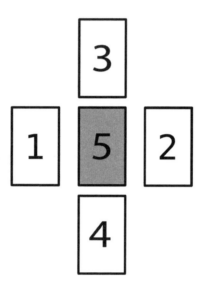

Este método foi publicado pela primeira vez por Oswald Wirth em seu livro *Le Tarot des imagiers du Moyen-Âge*, em 1926. Segundo ele, o método teria sido criado pelo famoso ocultista Joséphin Péladan, que havia ensinado a Stanislas de Guaita, que, por sua vez, ensinara a Wirth.

A pergunta é feita e em seguida são embaralhados os 22 Arcanos Maiores e retiradas quatro cartas.

A carta 1 representa o consulente no atual momento; a carta 2, os desafios; a carta 3, o caminho;

a carta 4, as consequências e o resultado. Por fim, temos a carta 5, a síntese, a redução teosófica das demais cartas. Se a soma das cartas der acima de 22, o número deverá ser reduzido a um só algarismo. É importante frisar que, nesse método, O Mundo é sempre a carta 21 e o Louco, a 22.

Método Linear Temporal

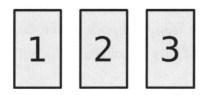

Este método simples pode ser realizado em pares, um Arcano Maior e um Arcano Menor por casa, ou apenas um Maior por casa.

Uma outra opção seria embaralhar todas as 78 cartas e escolher três, utilizando assim Maiores e Menores misturados.

Uma terceira opção consiste em separar em dois maços Maiores e Menores. Então, após embaralhar cada maço separadamente, retire as cartas como referido abaixo: um Maior, ou um Maior e um Menor por casa.

A casa 1 representa o passado; a 2, o presente; e a 3, o futuro. Este é certamente o método mais popular em todo o mundo. Sua autoria é desconhecida.

Método em Cruz

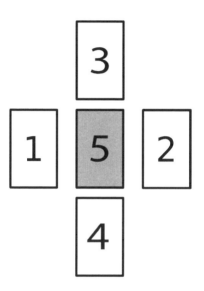

Muito confundido com o Método Péladan, este método figurou pela primeira vez no livro *O Tarô de Marselha*, de Paul Marteau, de 1949. A tiragem é composta de cinco cartas em cruz.

No método original de Marteau, as cartas são embaralhadas e o consulente escolhe um número de 1 a 22. As cartas são contadas de cima para baixo com seu verso virado para cima. A carta da posição numérica escolhida é retirada e colocada na posição 1. Essa operação é repetida mais quatro vezes, preenchendo as casas em ordem.

A carta 1 representará o consulente; a 2, o mundo exterior; a 3, a ajuda psíquica ou moral; a 4 corresponderá à realização com que se pode contar; e a 5 será a carta central que refletirá o assunto.

CONCLUSÃO

A história do Tarô é um vasto oceano, repleto de ondas de tempo e redemoinhos de informações perdidas. Hoje, muitos estudiosos e historiadores mergulham nessas águas, tentando trazer à tona fragmentos do mistério que ainda permeia seu surgimento. Cada pedaço revelado é uma peça de um quebra-cabeça incompleto, cuja beleza reside justamente nas lacunas e incertezas.

Essas dúvidas, esses véus que encobrem a origem do Tarô, sua criação e a intenção de seu criador, são exatamente o que lhe conferem um charme singular. O nome Tarô contém significados ocultos, que são enigmas que dançam entre sombras e luzes, criando uma aura de fascínio. Seus significados, como um pergaminho antigo, foram escritos e reescritos ao longo dos séculos, cada geração acrescentando suas tintas e pinceladas.

Escrever sobre Tarô é uma lição de humildade. Ao decifrar suas cartas, compreendemos que ele é um espelho que reflete todos os tempos em que foi tocado e contemplado. Ele não é apenas um baralho, mas uma entidade viva, autônoma, que respira e pulsa graças às muitas mãos que o manusearam. É impossível atribuir a origem de um significado específico a um único autor, pois o Tarô pertence ao mundo. Ele é um livro mudo, embora guarde uma biblioteca vibrante em suas páginas não escritas. Escolásticos, intelectuais, ocultistas, cartomantes, ciganos, historiadores, até mesmo sua avó que lia as cartas ao entardecer, todos são coautores dessa linguagem mística e evolutiva. Eles teceram uma tapeçaria rica e multifacetada que continua a se expandir. Os historiadores ainda debatem se podemos chamar de Tarô as primeiras cartas do Triunfo, se o nome deveria ter surgido com os primeiros baralhos de 78 cartas padronizadas, ou com o icônico Tarô de Marselha.

Então, o que é o Tarô? Definir o Tarô é como tentar definir a própria arte. Ele transcende definições simples, pois não é apenas uma obra de arte — é o próprio artista. Como afirma o cineasta, diretor, escritor, psicomago e tarólogo Alejandro Jodorowsky, no Tarô não existe um mestre. O mestre é o Tarô. Um verdadeiro mestre não conduz ninguém de mãos dadas até a porta; apenas aponta a direção. E este livro, esta narrativa, é um convite a caminhar até o mestre, o Tarô.

O Tarô é um guardião de segredos, um oráculo silencioso que não oferece respostas, mas caminhos.

Em cada Arcano, uma janela para a alma; em cada leitura, um espelho para o espírito. Ele se reinventa com o tempo e, a cada novo olhar, revela novas facetas da sua sabedoria eterna. O Tarô é um diálogo contínuo entre o passado e o presente, entre o visível e o invisível. Em sua jornada, o Tarô se tornou um labirinto de simbolismos e significados. Cada carta é uma porta aberta para um universo de possibilidades. Os Arcanos Maiores e Menores são como notas de uma sinfonia cósmica, compondo uma melodia que ressoa nas profundezas da consciência. Ao tocar o Tarô, tocamos a essência do mistério, a sabedoria dos antigos e a intuição do presente.

Ao final, o Tarô é um convite à contemplação, uma dança entre o conhecido e o desconhecido. Ele nos ensina que o caminho é mais valioso que a chegada e cada passo, uma descoberta. O Tarô, como um farol, ilumina nossa jornada interior, guiando-nos com sua luz misteriosa e encantadora. Este livro é apenas o início dessa jornada, uma seta que aponta para o mestre silencioso que reside em cada carta.

BIBLIOGRAFIA

ALLIETTE, JEAN-BAPTISTE. *Le livre de Thoth/Tarot D'Etteilla.* LO SCARABEO, 2021.

_____. *Etteilla, ou Manière de se récréer avec un jeu de cartes* (Éd. 1770). Hachette Livre Bnf, 2022.

BANZHAF, H. *Manual do Tarô.* Editora Pensamento, 1993.

_____. *O Tarô e a jornada do herói.* Editora Pensamento, 2023.

_____. *As chaves do Tarô.* [s.l.] Editora Pensamento, 1993.

BEN-DOV, YOAV. *O Tarô de Marselha revelado — Um guia completo para o seu simbolismo, significados e métodos.* Editora Pensamento, 2023.

CALDEIRA, R. *A jornada do Louco.* Publicação independente, 2001.

CAMPBELL, JOSEPH. *O herói de mil faces.* Editora Pensamento, 2009.

COURT DE GÉBELIN, ANTOINE. *Monde Primitif, Analysé et comparé avec le monde moderne ou recherches sur les antiquités du monde.* Ullan Press, 2012.

COUSTÉ, A. *Tarô ou a máquina de imaginar.* Editora Ground, 1989.

DEPAULIS, THIERRY. *Le Tarot révélé: une histoire du tarot d'après les documents.* La Tour-de-Peilz: Musée Suisse du Jeu, 2013.

BIBLIOGRAFIA

DUQUETTE, LON MILO. *Understanding Aleister Crowley's Thoth Tarot*. Red Wheel/Weiser, LLC, 2017.

ELIAS, C. *Read Like The Devil*. Eyecorner Press, 2021.

FARLEY, H. *A Cultural History of Tarot: From Entertainment to Esotericism*. Bloomsbury Academic, 2019.

HUNDLEY, J. *Tarot*. Taschen, 2020.

JODOROWSKY, A.; COSTA, M. *Metagenealogy: Self-Discovery through Psychomagic and the Family Tree*. Park Street Press, 2014.

JUNG, C. G. *Arquétipos e o inconsciente coletivo*. Editora Vozes, 2014.

_____. *O caminho do Tarot*. Editora Chave, 2016.

KAPLAN, S. R. *The Encyclopedia of Tarot*. U. S. Games Systems, 2020.

LÉVI, ÉLIPHAS. *Dogma e ritual da Alta Magia*. Editora Pensamento, 2017.

_____. *A chave dos grandes mistérios*. Editora Pensamento, 2019.

_____. *História da magia*. Cultrix, 2019.

_____. *O livro dos esplendores: o mistério hierático ou os documentos tradicionais da Alta Iniciação*. Editora Pensamento, 2022.

MARTEAU, P. *O Tarô de Marselha: tradição e simbolismo*. Objetiva, 1991.

MARX, K. e ENGELS, F. *O manifesto comunista*. Paz & Terra, 2021.

MERLIN, ROMAIN. *Origine des cartes à jouer: recherches nouvelles sur les naibis, les tarots et sur les autres espèces de cartes....* Wentworth Press, 2018.

NADOLNY, ISABELLE. *História do Tarô: um estudo completo sobre suas origens, iconografia e simbolismo*. Editora Pensamento, 2022.

NICHOLS, S. *Jung e o Tarô*. Cultrix, 1988.

OS TRÊS INICIADOS. *O Caibalion: Estudo da filosofia hermética do Antigo Egito e da Grécia*. Editora Pensamento, 2021.

PAPUS. *O Tarô adivinhatório*. Editora Pensamento, 2022.

PAPUS; ENCAUSSE, V.; ANGUS, R. L. *O Tarô dos boêmios*. WMF Martins Fontes, 2003.

PLACE, ROBERT MICHAEL. *Alquimia e Tarô. Uma investigação de suas conexões históricas*. Presságio Editora, 2017.

PLACE, ROBERT MICHAEL; CRAFT, A. *The Fool's Journey: the History, Art, & Symbolism of the Tarot*. Lulu.com, 2010.

POLLACK, R. *Setenta e oito graus de sabedoria. Uma jornada de autoconhecimento através do Tarô e seus mistérios*. Editora Pensamento, 2022.

ROSA, A. *Tarot. O templo vivente*. Vols.1 e 2. Clube de Autores, 2012.

SACROBOSCO, JOÃO DE. *Tratado da Esfera: Cosmologia tradicional e mecânica celeste*. Editora Concreta, 2018.

STOKER, BRAM. *Drácula*. Darkside, 2018.

WAITE, A. E. *The Pictorial Key to the Tarot*. Kessinger Publishing, 2010.

WIRTH, OSWALD. *Le Tarot des imagiers du Moyen-Âge*. TCHOU, 2014.